华为的思考

读懂任正非，思考华为路

房君 / 著

中国华侨出版社
北京

图书在版编目（CIP）数据

华为的思考：读懂任正非，思考华为路 / 房君著 .—北京：中国华侨出版社，2018.5

ISBN 978-7-5113-7615-2

Ⅰ . ①华… Ⅱ . ①房… Ⅲ . ①任正非—生平事迹②通信—邮电企业—企业管理—经验—深圳 Ⅳ . ① K825.38 ② F632.765.3

中国版本图书馆 CIP 数据核字（2018）第 044435 号

华为的思考：读懂任正非，思考华为路

著　　者 / 房　君

责任编辑 / 高文喆　赵秀村

责任校对 / 王京燕

经　　销 / 新华书店

开　　本 / 880 毫米 ×1230 毫米　1/32　印张 / 9　字数 /202 千字

印　　刷 / 北京溢漾印刷有限公司

版　　次 / 2018 年 6 月第 1 版　2018 年 6 月第 1 次印刷

书　　号 / ISBN 978-7-5113-7615-2

定　　价 / 36.00 元

中国华侨出版社　北京市朝阳区静安里 26 号通成达大厦 3 层　邮编：100028

法律顾问：陈鹰律师事务所

编辑部：（010）64443056　　64443979

发行部：（010）64443051　　传真：（010）64439708

网　址：www.oveaschin.com

E-mail：oveaschin@sina.com

前言

提及任正非，也许大多数人对他的认识都停留在他一手创建华为公司并带领其发展到巅峰，带来了科技的新时代这一层面上。本书从任正非的经历过往与个性处事等方面，尽量还原一个真实的任正非，剖析这位推动世界级企业华为科技发展的关键人物。

要了解一个企业的成功，先要了解该企业创始人的生平往事与经营理念。任正非 43 岁才开始创业，一手把华为办成了震惊世界的科技王国，同时创立了开中国企业先河的企业治理方法。他丰富的人生经历，带有着时代的烙印。正如任正非所说，他是在生活所迫、人生路窄的时候创立华为的。任正非曾经说过，刚来深圳时还准备从事技术工作，或者搞点科研的，如果选择这条路，估计早已被时代抛弃了。他后来明白，一个人不管如何努力，永远也赶不上时代的步伐，更何况是知识爆炸的时代。只有组织起数十人、数百人、数千人一同奋斗，才赶得上时代的步伐。也许，这些感悟坚定了他对华为价值观的塑造；这些深刻的思考，让他走上了一条最适合华为也顺应时代的企业发展之路。

只要方向对了，就不怕路远。任正非的人生值得我们敬佩，华为的经验值得我们学习。

目录
Contents

第一章 营销超过 BAT，华为商业的财富密码

第二章 华为文化，机遇偏爱踏实的工作者

第三章

立足长远，扎根是为了向上

第四章

管理哲学，唯有惶者才能生存

第五章
携手并肩，让有梦的华为人扬帆起航

第六章
狼行天下，从本地经营到走向国际舞台

第七章
脱虚向实，读懂华为的“不上市”

第八章
冬天理论，华为永远在路上

第一章

营销超过 BAT，华为商业的财富密码

2015 年，华为营业收入 3950 亿元，比 BAT（百度、阿里巴巴、腾讯）营收总和还要多 800 亿元。而到 2017 年，华为全年销售收入预计已达到约 6000 亿元，同比增长约 15%。华为作为全球最大的通讯设备提供商，不仅仅没有负面消息，而且还让人们看到了一个低调务实、艰苦奋斗的华为掌门人任正非。

❶

华为，凭借什么坚持到了最后？

在残酷的竞争中胜出的羊群首领，以其天然的威望统领整个族群，那种“权”与“威”的结合坦然到无羊质疑，这位首领就是“领头羊”。羊群在领头羊的带领下沿着既定的方向一直向前，再恶劣的环境也阻挡不了羊群的奔跑，仿佛前方就是它们的目标，而这个前方有多远，它们不知道也不需要知道，它们只知道只要跟着领头羊跑就对了。

任何一个领域也都有走在最前沿的企业，它们就是行业中的“领头羊”。其能够洞悉大背景下的跑道是否够宽，能够甄别大环境下的奔跑速度是否够快，能够以一己之力带动整个行业瞄准一个相对准确的方向顺势发展，即便在最恶劣的事态下也能够创造出截然不同的加速度，为同行业里的其他企业遮风挡雨，充当“保护伞”。

2016 年第一季度，全球几大通讯设备供应商纷纷出台各自年报，下面是全球排行前五位的五大通讯设备供应商整体业务收入状况。

表 1–1
全球五大通讯设备制造商 2013—2016 年整体业务收入（亿美元）

公司名称	2013 年	2014 年	2015 年	2016 年
华为	392	465	608	850
爱立信	352	293	294	246
阿尔卡特朗讯	190	159	155	151
中兴	175	131	154	146
诺基亚	123	154	136	261.13

从数据上不难看出，华为已成为全球通讯设备供应商的“领头羊”。自 2013 年的全球收入一度超越爱立信后，“领头羊”华为已经连续两年以 30% 的收入增长速度冲在行业前沿，并渐渐拉大了与爱立信的收入差距。2015 年，华为的同期收入增长高达 37% 之多，是几乎处于原地踏步的爱立信的 2.1 倍。

是什么改变了竞争格局，让沉默多年的华为一跃登峰？仅 2015 年一年的收入，华为就超越了 BAT 的总和（2015 年，百度、阿里巴巴、腾讯“三巨头”的年收入分别为 663.82 亿元、762.04 亿元和 1028.63 亿元，合计约 2454.49 亿元，仅为华为 2015 年全球总收入 3950 亿元的 62%）。而截至 2017 年 12 月底，华为全球销售收入约 6000 亿元，同比增长约 15%。

自 1987 年成立至 2017 年，华为奔跑了 30 年。这 30 年里有艰难的创业期，有激烈的市场竞争，有坚定不移的原则，亦有华为掌门人任正非的非凡领导。是的，华为今天的荣耀离不开 30 年的勇往直前及不懈努力，更离不开任正非对华为的严苛“教育”。

1944 年，任正非出生在贵州山区一个贫困的小村庄，父母都是在乡村从事教育工作。在那个衣食住行都得不到保障的年代，父母给孩子们补足了“精神食粮”，在这对朴实的人民教师心里，知识不仅仅是改变命运的筹码，更是抵御一切危机的护城河，他们认为孩子们的教育是绝对不可以耽误的。恰恰是父母在教育上的严格把控，任正非和其兄弟姐妹都受到了很好的教育。而这份坚持传承给了任正非，1987 年他初创华为的时候，就在心里坚定地告诉自己——华为，绝不可以输在自我学习上！

事实上，在任正非决定创建华为的时候，中国众多的企业家也都将目光瞄向了通信与科技领域，仅仅 20 世纪 80 年代中后期，全国就诞生了近 500 家通信制造类企业。以无线通信技术为主的通信设备制造业作为资金与技术并重的密集型行业逐渐成熟，并得到了广泛的应用。正是这样的潮流引领着华为等一大批企业迅速地成长起来。

当竞争环境呈现出平稳递进的状态时，竞争对手越多，竞争越激烈。通信制造业中的任何一个企业，一旦加入便注定要经历一场攸关生死存亡的考验，胜者就是坚持到最后的那一个。或许，任正非一早就知道了这个定律，所以始终向华为的员工们灌输所谓的“冬天思想”。目前看来，华为确实做到了“坚持到最后”。

华为，凭借什么做到了“坚持到最后”？

可以说，华为的成功在一定程度上取决于掌舵者任正非的思想，而华为一直稳居上游的关键就是不断做大、做好、做强！当然，用任正非的话说就是，他把自己和华为逼上了“梁山”，那是一条不归之路，付出的亦是生命的代价！

“成长的烦恼”仿佛是所有中国企业发展过程中一定要经历的一次“生长痛”。军人出身的任正非，入行之初还不知道什么叫作市场经济，甚至搞不懂为什么要有竞争。一次，任正非遇到一个有着二十几个人的小团队，当时这个小团队的负责人说可以低价购进电视机。在 20 世纪 80 年代的中国，电视机可谓是一个新鲜的词汇，售价暂且不说，单是货源就很难找到，更别说比“行价”低很多的购进价格了。那时候的任正非初入社会，没有经验。他将手里的资金都交给了这个小团队的负责人，但对方拿到钱之后就联系不上了。任正非的轻信导致了公司的损失，上层领导甚至对他的管理和执行产生了强烈的质疑，不愿意再拿出资金供他去打官司，他们担心他们的资金会再次“打水漂”。

“从法律书里，我悟出市场经济的两个道理，一个是客户，一个是货源。我们要找到货源，也要熟悉交易的法律诉讼……我们那个时候一分钱都没有，把代理搞得乱转。因此，我们没有货源就找货源，我们就给它（找到的货源）做代理，我来帮你卖，收了钱我再留下一点后还给你。我们代理了以后，因为做得太好了，人家觉得你们要把市场占完了，又不给我们货了，把我们好不容易赚到的钱逼到市场上去，再高价卖给客户，从而维护市场信用。”任正非从这次经历中总结道。

就通信制造行业的市场而言，客户是稳定的，只要货源相对稳定，那么企业就可以平稳度过成长期。借助中国改革开放的先机，华为的成长是顺势而行的。随着全球化进程的加速，那些借助改革春风成长起来的企业走到了一个“十字路口”，一面是闯世界，另一面是守家园，还有激烈的市场竞争。正确的经营理念固然是企业做大做强的前提，但只有优秀的人才梯队与技术创新才是企业矗立在行业顶端、始终昂首前行的关键。

在华为，无论是基层员工还是中坚力量，无论其进华为之前学历有多骄人，想要踏进华为的门就必须先接受一场叫作“大队培训”的知识洗礼，也只有达到华为大学毕业要求的“学员”才能顺利晋升为华为的员工。

华为推陈出新的源头，即是对员工最初的培训课程。学员入校后，先分班，再与专职的教官、班主任、班主任助理、生活老师、思想老师等组建的教学团队成员一一见面、交流。这是一种全封闭 + 半军事化的教学模式，文化占比约 50%，教学内容包括团队建设、自我批判、敬业精神、企业文化、诚信原则、服从组织、客户心理等基础工作内容；另外，如信息安全、质量安全、消防安全、保密信誉、办公软件操作等也隶属于培训内容。当然，最关键的培训内容是华为的企业文化与通信专业方面的知识和技能学习。

多年来，任正非坚持为每一个“华为人”定制个性化的培养方案。他相信，企业的生存发展离不开核心人才的创造和付出，企业的持久竞争力离不开企业在行业中的主导责任与地位，而将这两项都做得到位，就一定不会出错。只有华为在继续前行，只有任正非始终坚持自我的根本不动摇，依然在不断地自我完善、学习和创造。

❷

不可取代源自不断的超越

在警醒取得成绩的人戒骄戒躁的警语中，人们时常听到“没有了谁地球都会照样转动”“没有谁是不可替代的存在”……自然因素的相对性和绝对性的主体如同矛和盾一样，是相对而言的。在激烈的市场竞争中，那些自认为不可替代的企业最终都被替代了。而那些为了不被取代努力学习和发展的企业往往越做越强大，很难被取代。

华为就是这样一个始终奔跑、始终不可被取代的企业。

在任正非的经营辞海里，不存在“不可替代”这个词汇，特别是在竞争中，一切的静止不前都是濒临灭绝的前兆。所以，华为想生存，就必须超越竞争对手，而超越对手的首要任务必是超越自我！

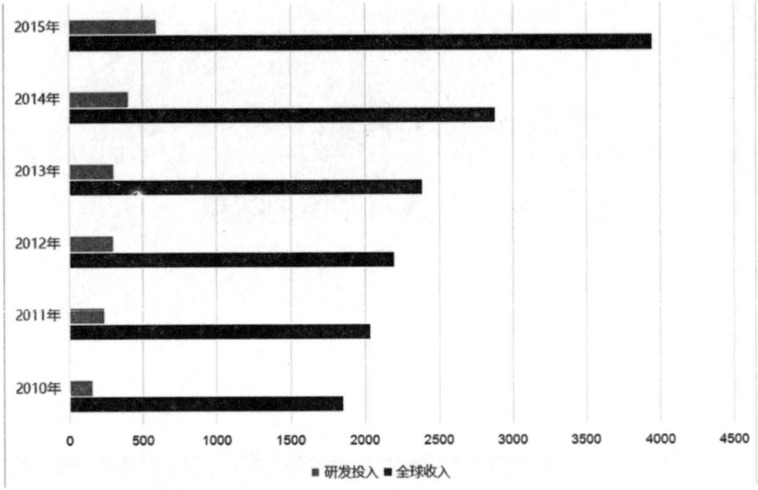

图 1-1　华为 2010—2015 年整体业务收入及
研发支出对比（亿元）

表 1-2
华为 2010—201 6 年研发投入占全球收入比例及年净利润（亿元）

年份 内容	2010	2011	2012	2013	2014	2015	2016
业务收入	1852	2039	2202	2390	2882	3950	5216
净利润	238	116	154	210	279	369	371
研发投入	157	237	301	307	408	596	764
研发占比	8.5%	11.6%	13.7%	12.8%	14.2%	15.1%	14.6%

从图 1-1 与表 1-2 的数据可知，华为在任正非的领导下，始终将技术创新放在发展的首位。在科技领域，研发与创新就是企

业生存与发展的命脉，是自我革新的原动力，是坚持更久而不被替代的关键。

从 2010 年到 2016 年的 7 年间，华为用于技术研发的资金超过 2700 亿元，研发上的投入更是逐年递增。2016 年，华为用于研发的支出 764 亿元，占全年总收入的 14.6%，这个数字足以比肩世界各大科技巨头。“研发”二字看似简单，但真正做起来却十分艰辛，更何况这份艰辛一坚持就是 30 年。

表 1–3　华为历年销售额（亿元）

年份	销售额	同期对比	备注
1987	—	—	公司注册，员工 14 人，其中股东 6 人，注册资本 2.1 万元
1988	—	—	公司正式运营
1989	—	—	自主开发 PBX
1990	—	—	开始研制程控小型交换机
1991	—	—	员工增加到 20 多人。11 月，由于回款缓慢甚至出现问题，公司的现金流开始紧张。为贷款方便，华为申请变更为集体企业，次年 6 月获准
1992	1	—	
1993	4.1	↑ 310.0%	
1994	8	↑ 95.1%	推出 C&C08 数字程控交换机
1995	15	↑ 87.5%	成立知识产权部。成立北京研发中心，并于 2003 年通过了 CMM4 级认证

续表

年份	销售额	同期对比	备注
1996	26	↑ 73.3%	推出综合业务接入网和光网络 SDH 设备；与香港和记黄埔签订合同，为其提供固定网络解决方案；成立上海研发中心，并于 2004 年通过了 CMM5 级认证
1997	41	↑ 57.7%	推出 GSM 设备；与 Texas Instruments、Motorola、IBM、Intel、Agere Systems、Sun Microsystems、Altera、Qualcomm、Infineon 和 Microsoft 成立了联合研发实验室
1998	89	↑ 117.1%	产品数字微蜂窝服务器控制交换机获得专利；成立南京研发中心，并于 2003 年 6 月通过 CMM4 级认证
1999	120	↑ 34.8%	成为中国移动全国 CAMEL Phase II 智能网的主要供应商；成立班加罗尔研发中心，并于 2001 年通过 CMM4 级认证，在 2003 年通过 CMM5 级认证
2000	220	↑ 83.3%	在美国硅谷和达拉斯设立研发中心
2002	221	↓ 1.8%	尽管 2001 年到 2002 年间，全球电信基础设施的投资下降了 50%，但华为的国际销售额还是增长了 68%，从 2001 年的 3.28 亿美元上升到 2002 年的 5.52 亿美元；华为通过了 UL 的 TL9000 质量管理系统认证；为中国移动部署世界上第一个移动模式 WLAN
2003	317	↑ 43.4%	在世界各地部署了 1 亿个 C&C08 端口，创造了行业纪录；与 3Com 成立合资企业，生产企业数据网络设备；通过了 DNV（DET NORSKE VERITAS）的 ISO 14001 认证

续表

年份	销售额	同期对比	备注
2004	462	↑ 45.7%	海外市场达到 22.8 亿美元；与西门子成立合资企业，针对中国市场开发 TD-SCDMA 移动通信技术
2005	453	↓ 1.9%	海外市场达到 32.8 亿美元；赢得中国电信的国家骨干网优化合同；与中国电信签署合同，建造 1200 多万个 ADSL 线路，进一步巩固了华为作为中国电信最大战略伙伴的地位
2006	656	↑ 44.8%	海外比重突破 65%；推出了新企业标识；香港 ITU 展上，华为推出了基于 All IP 网络的 FMC 解决方案
2007	1100	↑ 67.7%	海外比重 72%
2008	1606	↑ 46%	海外比重 75%
2009	1491	↓ 7.2%	无线接入市场份额跻身全球第二。率先发布从路由器到传输系统的端到端 100G 解决方案
2010	1852	↑ 24.2%	首次入围美国知名杂志《财富》的 2010 年世界 500 强企业；继联想集团之后，华为成为闯入世界 500 强的第二家中国民营科技企业，也是 500 强中唯一一家未上市公司

华为就是华为，任正非从来不拿华为和任何一家通信设备科技公司相提并论，因为他始终坚信华为永远是华为。正是任正非

的这份坚信，才让华为的成长变得更加有意义，从当初的追赶者成长为今天的领跑者。对于华为的成功，任正非功不可没。

一个企业的增长最直观的表现就是这个企业的销售额。从1992年的“第一桶金”到2015年超过BAT总和，华为的年销售额除了几个有特殊意义的年份之外，均呈逐年递增趋势。那么，华为的这份增长值所依托的是什么呢？

据行业评价，华为的价值增长可能依托的是正确的企业文化、科学的管理制度、前瞻的企业战略、个性的领袖思想、坚实的人文情怀……对此，任正非却认为，他与华为努力成长的根本是对生命的那份炙热追寻。

活着，努力地活着，努力地活到最后……这些充满生命励志的言语就是任正非和华为人不断自我超越和增长的座右铭。而这份开诚布公的坦然，如同浮躁社会里的一抹纯真，净化了周遭的杂乱，抚平了蹉跎过后的褶皱。

踮起脚尖，距离阳光就能更近一些。放眼通信制造领域，任正非不断拓宽华为的视野，只有这样，才能不畏浮云的飘动，清晰望透前行路。

想要企业充满生命力，就不可忽略对生命的诠释。有的企业砸钱，有的企业拼命，而任正非为华为选择的是“砸技术”。毋庸置疑，科技公司的技术是与人才并重的核心生命力，华为要生存，就必须不断在技术创新领域“小题大做”。而核心技术的创新，所植入的要素之一便是情怀。

华为公司的愿景就是丰富人们的沟通和生活，这种不一样的视野决定了华为的竞争格局和递增走向。基于此，在很多个风云变幻的竞争格局下，华为总能从容应对，仿佛没有做过多的准备，只是按部就班，就那么极其自然地掌握了市场的主动权，开辟出一个别有洞天的新大陆。

市场是否足够大，主要还是看竞争企业是否有足够的实力去抢夺市场份额。视频业务突破千亿美元，运转性市场稳赚万亿美元，10 倍增长的物联网时代又将撕开一个新的画面。华为有战略，任正非更有前瞻眼光和协同领航领域的思想，华为在为客户创造价值的同时，也成就了自己。这份雄心依然来自于技术与研发。

这是一个很少有企业愿意投入大量资金用于研发的时代，很少有企业决策者将研发放在企业发展的平台上晾晒，更别说视其为核心竞争而“富养”了。对未来技术不计成本的投入，让华为成为一家拥有无数尖端科技的企业。4G 时代，华为与世界巨头站在同一起跑线上；而如今在 5G 技术方面，华为已是当仁不让的领跑者、产业生态的积极推动者、整个产业的巨大贡献者。

华为的领先，是全面的领先；华为的卓越，是高雅的卓越。在华为领先的项目中，技术是核心，生态是筹码。当所有的企业都来不及喘息的时候，华为已经为自己营造出了世外桃源般的生态科技。华为将通过开源项目，在这个万众创新的时代，为华为，更为高科技带来一场别开生面的生态系统升级，未来的一段时间，它将是华为成长的重点。

❸

用“上甘岭”精神打造一流企业

人们常用“没有伞的孩子才会拼命奔跑”来形容温室的花朵经受不住狂风暴雨的肆虐，相比之下，毫无背景的“草根”却更能经得住激烈的竞争和巨大的压力，也更能做到对艰苦奋斗的坚守。在中国的通信设备领域，任正非一直强调华为就是“没有伞的孩子”。

成立华为之前，任正非是一名军人，而军人这个特殊的职业赋予了任正非与众不同的领袖气质：勇气、有胆识、坚忍和机智。可以说，华为就是任正非管理思想的“试验田”，这样的先试先行极其科学地塑造出了华为的经营理念和战略构想，这个过程中的一个关键词就是“上甘岭”。

上甘岭战役中，美军为首的联合国军一度用模拟推演，“科学”地认为一天的时间足够攻克占地了，可事实却告诉世人，联合军队的“纸上谈兵”缺乏科学性。在任正非的思想里，电脑只能模拟那些常规性的东西，而其他非常规性的意识，比如有人会去堵机枪眼、有人身上着火也会一动不动，这些精神上的超强力量是不可能模拟出来的。这种精神被任正非定义为华为的“上甘岭”——企业的核心价值观之所在。

或许，华为的“上甘岭”还不能直接创造出价值，但倘若没有了“上甘岭”，就永远不会有产生价值的可能。这就如同一个人的理想，有了理想只要付出努力和行动，理想就有实现的可能；若只是想想而不去付诸行动，那么理想就永远不可能会实现。很多追随华为奔跑的通信设备制造企业，一刻也不敢停歇，他们知道，自己未必能达到华为的高度和强度，但停下来就势必错过华为的方向，方向跑错了就注定会与成功失之交臂。

任正非曾坦诚地说，华为的创建是一个“意料之外”。对 7 个孩子的教育都特别上心的任家爸妈，从小就没有亏待过孩子们的教育，任正非顺利地考上大学，并走出了相对闭塞的山沟沟。大学毕业后，怀揣着一颗赤胆之心，任正非应征入伍。因大学期间所学专业是建筑，任正非当上了建筑兵，于 30 岁开始了他的军派生涯，在东北辽阳的一个化纤设备工程上工作。

1982 年后，中国军队做了一次精简，任正非就是那一批离开部队的军人之一。随后其来到深圳南海石油服务公司。由于缺乏市场经验，对市场经济和企业的管理方法又存在很大的不适应，这份工作任正非做得并不顺利，不久之后便离职。

任正非想要给自己选择一个靠谱的事情来做。1987 年，任正非 43 岁，不惑之年的他十分清楚自己的内心——他，任正非，一定要活出一个不一样的自己！

华为就此应运而生。

任正非创建华为，可以说成就了那个年代的企业家真实的“断代史”。他十分有勇气地创建了华为。“我们这种人在社会上，既不懂技术，又不懂商业交易，生存很困难，很边缘化的。”任正非回忆最初创业时心酸地说道。与其说任正非是有勇气下海经商，不如说是时代和环境所迫。

任正非的这份面对危险的勇气由他的智慧而来，他遇事果敢、敢于承担，能从容不迫地应对一切挑战，日积月累，这份勇气成长为一种特殊的胆量，在精神上可战胜极大的危险。

华为在创建之初，主要的业务是代销香港产品，也就是所谓的“对缝”，靠一买一卖的中间差价获利，这样的经营风险很低，很适合那种初创的中小企业。而任正非必定是不满足于这种现状的，在他的记忆中，那段创业之初的经历也略显模糊，反而是之后激烈的市场竞争更能激发出他不屈的胆识。

任正非将华为所有的精力都集中在了通信制造上，不得不承认，这种冒险性的行为，一般的企业家是想不到的，即使想到了可能也没有胆量去实施。可是，任正非想到了，并且还坚定地去实践了——将华为名下所有的资金全部投入到自主创新研发上。

当时所研发的内容是交换机技术，这次迈出的大胆一步，让任正非对华为的未来又多了一份清晰和笃定。

华为作为一家私营企业，想要生存和发展就必须拼服务和技术，特别是科技类公司。在激烈的竞争中，任正非的那份坚忍突显得淋漓尽致，也正是这份坚忍，让始终奋斗和拼搏在前端的华为最终成功抵御了所有负面影响和惨烈竞争，成为名副其实的全球化中国公司。

华为成功背后的哲学，成为众多企业竞相效仿和复制的科学理论，很多企业和企业家认为，华为成功的驱动力是掌门人任正非所描绘的准确的蓝图，这其中不可否认的一点便是，任正非能够出色地应对一切意外事件的那份机智。这份源于智慧和镇静的机智，恰是军人素质之一。任正非对华为的战略和发展在方向上的把握，不仅是华为的成功因素，同时也对整个通讯设备制造领域产生了巨大影响。

华为引领着中国通讯设备制造企业，任正非掌舵华为，逻辑关系上我们可以这样理解，任正非在某种意义上左右着中国众多通讯设备制造业的发展方向。

要知道，作为领航者，不仅要具备洞悉一切的前瞻力，还需具备铁打不动、风吹不倒的定力。在华为蓬勃发展的过程中，中国的房地产事业蒸蒸日上。作为一位成功的企业家，任正非不是没有看到房地产所带来的可观经济效益，但他从未因此而动摇过，他甚至都没有研究过股票和期权。

“傻，要总结的话就是傻，不把钱看成中心。中心是理想，理想就是要坚守‘上甘岭’。钱不是最重要的。”当有记者追问任正非，是什么样的一种信念或文化坚定着华为始终如一的初心时，任正非认真地用一个“傻”字高度概括了。

“因为我们把利益看得不重，就是为理想和目标而奋斗。守住‘上甘岭’是很难的，还有好多牺牲。如果上市，‘股东们’看着股市那儿可赚几十亿元、几百亿元，逼我们横向发展，我们就攻不进‘无人区’了。”作为世界 500 强企业中唯一一个没有上市的企业，华为无疑是一个异类。

如果说，看到房地产巨额财富的召唤始终不动摇是一种傻，那么坚持 30 年只做一件事——对准信息通信领域这个“城墙口”冲锋，就是 17 万华为人如痴如醉的坚持。任正非带领华为不断往前冲，不断向西方优秀的企业学习管理，甚至不惜花费上亿美元的“薪酬”请 IBM 顾问团队加盟到华为中来。

其实，外界看到的华为的与众不同，在华为人的价值观里就是常态，只不过这个常态是“新常态”，即始终不忘初心的迭代与创新。

4

华为，咖啡，能量

任正非的智慧潜移默化地根植于华为的发展历程之中。谈工作，一定少不了智慧，如果只注重知识，那么充其量就只是个劳动的机器。进入中国的“十三五”和中国制造 2025 的时代，缺什么也不会缺会工作的知识型机器。

保证 17 万华为人吃饱穿暖，是任正非当下必须把握好的一项工作重点，既要与时俱进，又要不断推陈出新，他只有将华为变成一杯能容纳整个宇宙能量的咖啡，才有能力确保每一个咖啡因都释放出自身的价值。

华为公司历年来的全球销售总额数据向我们呈现出充满奇异色彩的华为——即便在经济不明朗的那些年月里，华为的损失依然是行业中最少的，甚至可以说，即便是在收入不为正的情况下，华为依然可以做到损失为负。在一次接受专访时，对于记者所提问的“当下全球经济不景气，华为却逆风飞扬，其成功的基因和秘诀是什么？”问题，任正非这样回答：

“第一，华为的发展得益于国家政治大环境和深圳经济小环境的改变，如果没有改革开放，就没有我们的发展。深圳 1987 年 18 号文件明晰了民营企业产权。没有这个文件，我们就不会创建华为。后来，华为发展到一定规模时，我们感到税负太重，很多同事说把钱分了算了。这时深圳出了‘22 条’，提出投资先不征税，等到收益后再征税，这个政策实行了好几年。这个时候我们就规模化了。

“第二，华为坚定不移 30 年只对准通信领域这个‘城墙口’冲锋。我们成长起来后，坚持只做一件事，在一个方面做大。华为只有几十人的时候就对着一个‘城墙口’进攻，几百人、几千人、几万人的时候也是对着这个‘城墙口’进攻，现在十几万人还是对着这个‘城墙口’冲锋。密集炮火，饱和攻击。每年用 1000 多亿元的‘弹药量’炮轰这个‘城墙口’，研发近 600 亿元，市场服务 500 亿元到 600 亿元，最终在大数据传送上我们取得了领先。引领世界后，我们倡导建立世界大秩序，建立一个开放、共赢的架构，以利于世界上成千上万家企业一同建设信息社会。

“第三，华为坚定不移持续变革，全面学习西方公司管理。我们花了 30 年时间向西方学习，至今还没有打通全流程，虽然我们和其他一些公司比管理已经很好了，但和爱立信这样的国际公司相比，多了 2 万管理人员，每年多花 40 亿美元管理费用。

所以我们还在不断优化组织和流程，提升内部效率。”

从 2000 年之后，华为在除中国外其他国家的收入占总销售额的比例就在逐渐递增，到了 2015 年，华为的海外收入在总销售额的占比已经临近“及格线”。在国内与国际双向发展战略布局中，任正非更侧重在外国赚钱拿到祖国为 GDP 做贡献。任正非曾谦虚地总结说，华为在无线网上数学的突破还算有一点基础成绩；但在有线网的数学上还做得远远不够，至少差出了五成的进步空间。特别是在人才梯队构架上，无线数学科学家要扩充到 140 人，现在只有 70 人。引进和培养华为的有线网数学专家是华为核心的重要战略布局，这个核心的关键同样是要在国内吹响号角。

“百花争鸣有稀贵，百舸争流独一游。”华为在走向世界、走向开放的进程中，时刻不忘收集宇宙的力量，就算飘来了“黑蝴蝶”，也要将其禁锢在咖啡杯里飞。任正非始终坚信：“把能量输入到‘种子’阶段，这样就能形成庞大的思想群。就像一个石头丢到水里面引起波浪一样，一波一波影响世界。”

在全国科技创新大会上，任正非发言并郑重地表明自己的观点。他认为，人类社会将在 20~30 年内演变成智能社会。基于此，华为的战略部署理应放慢步调，扎实创新创立引导理论。

在科学的创新进程中，创新型人才是核心。在与时俱进的智能创新时代，人才战略也该有所集结和迭代。如果说华为的过去式是一个相对闭塞的金字塔模型，那么未来，华为就要挣脱这个金字塔的束缚，大胆吸收宇宙的能量和太阳的光芒。“我们要理解歪瓜裂枣，允许黑天鹅在我们的咖啡杯中飞起来。”“鸡蛋从外向内打破是煎蛋，从里面打破飞出来的是孔雀。”任正非的管理思想总是这般语出惊人。

想要拥有不一样的人生，就一定要具备海纳百川的胸怀。随着智能制造在全世界各个国家各个领域的普及，智能社会仿佛已经悄然来到消费者身边，只是人们还难以想象智能社会到底是怎样的一种面貌，而描绘智能社会的职责就落到了高科技领域企业家的肩头。任正非坚定地表示：越是前途不确定，越需要创造，这也给千百万家企业提供了千载难逢的机会，我们公司如何去努力前进，面对困难重重，机会危险也重重，不进则退。如果不能扛起重大的社会责任，坚持创新，迟早会被颠覆。

如果我们对“华为将 10% 甚至更多的全球总销售收入砸在研发上”而感到震惊，那么，当你知道，在华为 17 万员工中，一半以上都是研发人员时，是不是会对任正非的别样“霸道”而感到有些匪夷所思？这就是华为比邻世界巨头，跻身世界 500 强也坚持不上市，却始终奔跑在科技最前沿的资本。

这是一个拼“颜值”的时代，科技亦是如此。华为的“颜值”体现在贴心的服务、领先的技术、前瞻的战略、精准的方向等诸多方面。人类社会终将延着科学的步伐而不断向前，科学特别是基础科学的发展一定要经得住打磨、耐得住寂寞，这就是研发的魅力。当你深吸一口气，慢慢咀嚼回味的时候，你的内心世界一定充满了奇异的色彩和斑斓的梦幻，那么你就真的领悟到了研发和科学的真谛。

选择了科技，选择了研发，就注定选择了一条“不归之路”。华为现在是翘楚，但若停留在此刻，那明天的科技世界将由谁掌舵就是未知数了，所以任正非是给自己制定了一套没有退路的人生规划方案。华为 8 万的研发人员，每年拿着总收入 10% 以上的研发经费，三成用于研发和创新，七成用于产品开发。另外，任正非还表示，用于研发的费用将逐年增加 100 亿 ~200 亿美元。

“咖啡”一词最早起源于希腊语“Kaweh”，译为“力量与热情”。咖啡有着一股特别强烈的苦味，可刺激中枢神经系统、心脏和呼吸系统，会提升肾脏机能，帮助身体将多余的钠离子排出体外。这种具有生命力的特征，恰似华为立足世界的一种状态：同行的为其避让，追逐的为其雀跃，仿佛浩瀚宇宙，唯有华为是最闪亮的星辰。

华为就是那杯香醇浓厚的咖啡，满满地吸收着宇宙的能量，在生命的周身徘徊和流淌，刺激着这个领域的“中枢神经”，引领着时代的前瞻与科技的攀藤。华为、咖啡、能量，这三个词陈列在一起，是不是有一种浓重的情调？

2015 年 11 月，华为中央研究院瓦特实验室在第 56 届日本电池大会上展示了最新的华为与咖啡的关系——华为锂离子电池快充研究的最新成果。这种新的电池充电速度是普通手机电池的 10 倍。华为称，公司在快速充电领域取得的突破将革新电子设备领域，对手机、电动汽车、可穿戴设备、移动电源来说尤其重要。同时，华为还表示：很快，我们就能以喝杯咖啡的时间为电池充满电。大会现场，华为做了两款电池快充实验，其一是 600 毫安容量的极限快充电池，2 分钟充电 68%；其二是 3000 毫安容量的快充电池，5 分钟充电 48%。华为在快充技术的突破上采用了新型分子结构的负极材料，即通过引入杂原子改变负极的石墨分子结构，使它具备物理、化学双重储锂功能，电池的充电速度得到质的飞跃，同时其能量密度和使用寿命均不会受到影响。针对这项新技术，华为做了大量的实验，最终呈现出目前的成果也是必然的。该项新技术预示了锂电池充电方案的一次崭新革命，不久的将来将荣耀上市！

5

得“芯”者得天下

市场经济浪潮下，各企业竞相追逐以实现利益最大化，企业和企业家们谈论最多的就是营销的话题，而涉猎研发的内容少之又少。特别是当企业面临一些困境的时候，企业会首先压缩研发方面的投入，以挽救濒临消亡的企业。但这样的惊慌之举势必扰乱计划中的战略布局，甚至一朝停步，未来将步步难行。

相比之下，任正非的坚忍就显得格外引人瞩目。对于研发，华为从不吝啬每一分钱，并且投入越来越丰厚。任正非这种对未来技术不计成本的投入，让华为迅速攀跃至科技前沿，成为一家拥有无数尖端技术的高科技型企业。特别要说明的是，华为的麒麟芯片，缓解了中国在世界范围内“缺芯少魂”的尴尬局面。华为缩小了与世界科技巨头之间的差距，同样缩小的还有中国与世界科技成果之间的差距。

2004 年，华为初涉芯片。作为计算机等电子设备最关键的一个零部件，芯片一般是指集成电路的载体，也是集成电路经过设计、制造、封装、测试后的结果，通常是一个可以立即使用的独立整体。十几年前，科技塑造出了 3G，在 3G 帝国，华为是匹一出场就震惊了全世界的“黑马”。起初，华为芯片业务主要涉猎的是行业用的芯片，配套网络和视频应用。到了 2009 年，华为的芯片开始走进智能手机市场，随着一款 K3 处理器，其正式走进智能手机处理器的领域。华为这款 K3 处理器是国内第一款智能手机处理器，但在华为的成长历程中，它还仅仅是个小角色。

华为的芯片真正被大众熟知和认同是在华为 2012 年推出 D1 手机时，华为 D1 采用海思 K3V2，一举跻身顶级智能手机处理器行列，让业界惊叹。华为自主设计的海思 K3V2 是当时业界体积最小的四核处理器，内置业界最强的嵌入式 GPU，并采用手机芯片中最高端的 64 位带宽 DDR 内存设计来充分释放四核的性能，同时采用 ARM 架构 40NM、64 位内存总线，是 Tegra3 内存总线的两倍，性能上与当时业界主流处理器三星猎户座 Exynos4412 不相上下。在 3G 时代，海思 K3V2 一度成为华为在手机芯片市场上的一大技术突破。

越是坚持者，越能够在命运的风暴中奋斗出别样的精彩，企业家对企业有足够的耐心和恒心，企业才会创造出可喜的成绩。没有奋斗过就不能体会到那种辛苦过后的美好，很多时候，结果固然重要，但过程才算得上真正的成功所得。多少企业家在奋斗的过程中成就了自我和他人，最终在成功的定义中，浓重地标上了自己的符号。

任正非是那种一旦有所为，就一定要极力做到最好的人。他是这样要求公司的管理者和员工们的，而自己更是做到了极致。这样强大的自我约束与要求，引领华为站稳了在 3G 时代的根基，当 4G 时代到来时，华为之“芯”已经炉火纯青了。

2014 年，华为公布了旗下首款八核处理器 Kirin920，这款全球之首八核 LTECat6 处理器麒麟 920 一经问世就获得了不小的赞誉，业界称赞它是国产芯片的崛起，甚至比高通的 Cat6 基带还要先进。

麒麟 920 的出现，为 4G 手机市场带来了一场声势浩大的洗牌大战。工信部电信研究院发布的《2015 年 6 月国内手机市场运行分析报告》显示：仅 2015 年上半年，国内手机市场出货量达 2.37 亿部，上市新机型达 778 款，其中 4G 手机出货量达 1.95 亿部，上市新机型达 552 款，同比分别增长 381.8% 和 58.6%。

华为近几年在高端手机市场的突飞猛进着实令业界惊叹。自 2014 年的高端旗舰 Mate7 到 2015 年的全新旗舰 P8，华为自主研发的麒麟芯片得到了最充分的“历练”，特别是华为 Mate7 和华为 P8 在市场上的不俗表现，让华为这颗中国“芯”取得了前所未有的好成绩。

面对科技领域的“领头羊”这一身份，任正非和华为都被不情不愿地推上了时代的风口浪尖。其实，始终低调行事的任正非并不想受众人瞩目，一直以来，他只坚持做一件事——在一个领域做大做强。任正非做到了，华为也做到了，而且“一不小心”做到了最好，成为了商业史上的传奇。

华为 fellow 芯片负责人艾伟曾在一次对外宣传上说道：“华为坚信芯片是 ICT 行业皇冠上的明珠，我们从一开始就选择了最艰难的一条路去攀登，通过持续投入核心终端芯片的研发，掌握核心技术，构建长期的、持久的竞争力，从而为用户提供最佳的使用体验。”

从 4G 发展趋势来看，最好的“芯”一定要具备强大数据和多媒体能力。在这个“得芯者得天下”的时期，华为无疑是通信行业特别是高性能芯片领域的翘楚。

2014 年 10 月，酷开最新推出的一款电视新品中，首次采用了海思的一款芯片。从手机到平板，再到手环和电视，任正非为华为的战略部署规划出了一整条生态系统的产业链，以手机为核心向任何可以关联上的科技产品不断延伸，充分验证了“在一个领域做大做强”的“那件事儿”。

企业家都清楚，产业发展到一定高度后，产业中的企业和关联企业的竞争核心将不再单单是掌握技术本身那么简单。能够控制整个产业链的核心技术，把控得住整个产业的生态或将是重点能力的体现。现在的 4G，未来的 5G、6G、7G……科技时代的发展，势必是得“芯”者得天下。

华为，走在了科技发展的最前端。

继麒麟 920 之后，2016 年，华为在麒麟媒体沟通会上重磅推出全新产品——麒麟 950 芯片，标志着中国的“芯”时代又向前迈进了一步。经测验，麒麟 950 芯片与三星 Exynos7420、高通骁龙 810“较量”，测试跑分达 82940 分，实力助推其成为新一轮的“跑分王”。在随后的华为手机官方微博上发布的消息显示，华为麒麟 950 芯片将用于华为手机年度最重磅的旗舰产品。没有人知道华为的技术还会为世界带来哪些奇迹，但我们清楚地知道，今天的麒麟 950 芯片还只是华为科技创新排行榜上的冰山一角。掌握核心终端芯片的研发，不仅仅是现在的华为需要努力的方向，更是其未来发展中一份价值的积累和导向。

2016 年 6 月 12 日，华为荣耀正式发布了新品——荣耀畅玩 5A 和荣耀畅玩 5C 全网通版，其最大的亮点是搭载了华为首颗全模芯片麒麟 650 处理器，并采用 16 纳米旗舰级工艺，在保证强劲性能的同时可兼顾长效续航。

华为在投入 600 亿元慷慨研发的时期，还能够稳创 3950 亿元的全球销售额，不禁有人要问了：“华为的钱不是钱吗？怎么就比别人的钱赚得更容易呢？”

金钱对于任何企业家而言，都是最有价值的，企业的价值不仅在于要为广大消费者提供好的产品和好的服务，还在于要为所有的企业人员负责。17 万之多的华为员工，任正非选择了他们，就要对他们负责任。让每一个华为人都拥有主人翁意识，这可不是上下嘴唇一张一合就能办到的，也不单单是任正非的领袖魅力就能够达到的，与这些因素并存的关键还有“财富”。成长的财富、精神的财富、生活的财富……这些人生财富是华为为员工提供的，是其成就自身不可或缺的一部分。

又要保证产品和服务的成分不缩水，又能够给公司带来最大价值，那就必须在降低成本上做些文章了。华为自主研发芯片就是压缩成本的有效途径之一。通过自研芯片，华为降低了自身的成本，特别是这种产业链垂直整合帮助华为在智能手机市场塑造起来了独特的竞争优势。芯片是助推手机产业不断进步的筹码，华为的芯片正是科技进步产物中的“核芯”。“做好一件事，并且只做好这一件事”这一理念，根深蒂固地盘踞在华为人的心间。

从 1991 年华为成立 ASIC 设计中心开始，到 2004 年海思半导体有限公司成立，2006 年智能手机芯片开发，2008 年发布首款手机芯片 K3V1，2012 年体积最小的四核处理器 K3V2 推出并实现千万级商用，2013 年推出支持 LTECat4 的麒麟 910 四核处理器并在华为多款旗舰智能手机上规模商用，2014 年推出全球率先支持 LTECat6 标准的麒麟 920 芯片，2015 年推出麒麟 930/935 芯片，2016 年首颗全模芯片麒麟 650 推出……一路回首，华为的“芯”路历程有艰辛的努力，亦有坚定的付出，而光环与成绩就是印证这一切成功的证词。华为，一直努力在手机芯片这条“不归路”上勇往直前。

截至2016年6月，华为麒麟系列芯片累计出货量已经突破8000万颗，如果说芯片是ICT行业皇冠上的明珠，那么手机芯片的“芯”路历程将更加艰辛。任正非从一开始就为华为选择了一条最艰难的攀爬之路——希望通过持续投入核心终端芯片的研发，掌握核心技术，构建长期的、持久的竞争力，从而为用户提供更好的使用体验。“为此，华为麒麟芯片将认真走稳每一步。”华为fellow芯片负责人艾伟如是说。

第二章——

华为文化，机遇偏爱踏实的工作者

人们难以想象，一个超级企业“帝国”的领导会吃员工餐，会穿几十元的 T 恤，会坐公交车，甚至会与员工一起睡大床铺。这或许就是华为有别于其他企业之处吧。不过，在华为艰苦奋斗的作风中，这是再寻常不过的了。任正非也许是过惯了苦日子，就算是腰缠万贯，也坚持过清苦的生活。

—— ❶ ——

坚守诚信，站稳脚跟

还记得，当初任正非创建华为，就是想缔造出一个中国人自己的科技品牌，扭转整个中国市场被外国品牌“侵略”多年的状况。时至今日，任正非做到了，华为做到了，那些认为中国企业没有创新和创造性的人不得不对这匹杀进世界科技领域的“黑马”刮目相看。不仅是外国企业，就连中国的众多企业也都开始模仿，希望能够复制任正非的超强大脑，复制华为的成功。

“华为走到今天，就是靠着对客户需求宗教般的虔诚和敬畏，坚持把对客户的诚信做到极致。”当不计其数的人向华为发问是如何做到今天的成绩时，任正非反复这样回答。

其实，华为的成功没有秘密，如果一定要说与其他企业有何不同，那么最大的不同就是任正非特别清楚，做企业没有捷径，做品牌一定要务实，不能忘记初心，坚守商业常识的企业才能越走越远。

作为一名成功的企业家，对于正走在起家路上的中小企业，华为掌门人任正非所给出的“方法论”是：“不要管理复杂化了。小公司只有一条，就是诚信，没有其他。你对待客户要虔诚，要把豆腐好好磨，终有一天你会得到大家的认同的。中小企业还想有方法、商道、思想，我说没有，你不要想得太复杂了。你就盯着客户，就有希望。就是要诚信，品牌的根本核心就是诚信。你只要诚信，终有一天客户会理解你的。”

任正非说得诚信经营，华为就真的一直在诚信经营。企业生存的保障就是合规，华为遵守世界通用的“规则”，将贸易合规融入公司的日常运营中，营造和谐的商业环境，如华为公司法务部对出口管制、网络安全、贸易竞争、人力资源管理、反贿赂与反腐败等合规业务提供法律指导、识别、评估，明确遵从要求，并提示内外部法律风险，协助各部门开展合规经营活动。

2014 年，华为设立子公司监督型组织，大力推动海外各子公司的合规体系建设，对海外子公司的合规运营进行监督管理。截止到年底，共完成 195 次子公司监督型组织合规工作汇报，使子公司合规情况得到及时监控和管理。另外，华为梳理并明确了合规管理与合规监督的责任界面及运作机制，并在海外各主要国家设立合规官，从而推进公司在全球的合规运营。同年，华为完成了 4 轮合规官的角色认知赋能培训，全面覆盖到重点国家和地区。

作为科技的领航者，华为同时还肩负着“贸易合规”践行者的责任。

2014年4月28日，在西班牙马德里召开的世界海关组织（AEO）大会上，作为唯一一家受到邀请发言的制造商代表，华为高端专家James Kenneth Lockett发表了“Perspective: Huawei Experience”的主题演讲，与89个国家千余名海关官员分享了华为在贸易合规方面的最佳实践。华为将贸易合规和海关遵从置于公司商业利益之上，并遵守WTO（世界贸易组织）和FTA（自由贸易协定）的规则以支撑全球贸易运作。James Kenneth Lockett认为，华为是一家在中国本土飞速成长起来的世界500强中唯一一个不上市的企业，公司以“客户为中心”的已任使之在成为全球化和本地化的供应商的同时，更加获得了中国消费者的高度认可。华为对全球的贸易规则的支持也为其进军国际多个国家的征途增加了筹码。

在拉斯维加斯举办的2016年度科技盛会CES上，各种令人大呼过瘾的新技术和新产品亮相。其中，智能电视是亮点中的亮点。面临2016年严峻的经济大环境，很多人对供给侧改革寄予厚望。科技类企业依然被视为供给侧改革的领跑者。

在很多中国的企业被吞噬得所剩无几的时候，很多企业家急功近利，通过寻找成功的捷径来扭转公司的破损局面。生态万物真的会有通往上天的“风口”吗？任正非不知道是否真的会有这样的捷径，至少他不相信有，也不会给华为找这样的捷径。在机会主义的“扶手梯”和艰难险阻的“步行楼梯”两个选项上，任正非坚定地选择了后者。“以客户为中心”“永远保持一颗创业之心”“以奋斗者为本”……这些所谓的套话恰恰就是华为成功的秘密。而那些总喜欢抱着“走捷径”的思想看待华为成功的企业，将永远学不到华为成功的秘诀；反而是怀揣着一颗“创造客户最高价值”之心的企业，或能与任正非产生共鸣。

对于供给侧与科技领航经济的话题，任正非认为：“供给侧改革的中心，就是提升产品的品质。首先，我们要抓住货源要保持高质量，供给侧一定要保持高质量。其次，产品高质量有了，就会有客户群。供给侧改革的核心是质量。质量的关键是要提高成本。低成本就不可能有高质量，低成本必然带来地沟油、假冒伪劣。高质量为什么不能卖高价格呢？卖不了高价格，政府就要减负，企业才能有余钱投入创新。我在达沃斯讲我们坚决不走低价格、低成本、低质量的道路，因为这会摧毁我们 20 多年后的战略竞争力。”

华为就是做有品质的产品，为客户提供货真价实的服务。如果企业不能做到提高产品的质量，直接导致的结果就是消费者扬长而去，奔向国外去海淘。说白了就是企业自己打自己的脸，还把“上帝”赶到了他人的怀抱中去。

品质的提升可不是动动嘴唇就能轻易实现的，那是需要高额的经济付出和人才的刻苦钻研努力来完成的，需要企业家毫不吝啬地在产品研发上下狠本，需要企业家拥有足够的决心来做这件事。任正非常说，华为的今天也是被逼出来的，说的就是他从未给华为留过后路，每一次做选择都是有去无回的“亡命之途”。

华为走到今天，每分每秒想的都是要为客户提供有品质的产品和服务。几十年如一日的付出和钻研，换来了值得华为人骄傲的成绩。其实，当全世界都在为华为鼓掌时，华为人甚至比掌门人任正非更为感动，因为没有为华为兢兢业业奋斗至今的华为人，就不会有今天百花丛中最芬芳的华为，更不会有任正非坚定不移做到极致的决心。所以，任正非从来都不会亏待那些真正为华为奋斗的人。在任正非看来，自己与华为员工相比，永远都是最渺小的那一个，他曾经谦逊地表示：“我什么都不懂，我就是一个既不懂技术，也不懂管理，只不过是能够把大家聚在一起来做点事的一个穿着皱巴巴的衣服的平凡老头。”

很难相信，一个击败了盘踞中国科技市场多年的外国科技公司及其品牌的华为掌门人，会在华为跻身世界 500 强企业、年销售额超过 BAT 总和的傲人成绩之下，依然谦卑地向世界表明自己的心声，依然会在对具体的市场、技术、产业趋势的判断上悉心听取一线员工和技术人员的意见。

号称“余大嘴”的华为消费者 BG CEO、华为终端公司董事长余承东曾在华为笔记本的新闻发布会上开诚布公地说出自己的价值观：“我们华为不做就不做，要做就做老大。”有评论说，余承东也就是在华为能活得很潇洒，要是放在别的行业或企业，早就不知道得罪了多少人，就是因为他的“口无遮拦”。其实，仔细品品，“余大嘴”说的那些话，正像是任正非给华为做的很多个“有去无回”的选择。说得到就一定要做得到，“余大嘴”这个冲在华为战场第一线的奋斗者，在具体的工作中始终以客户为中心，自然，他就是华为最可爱、最受宠的人。

在华为，像余承东这样的奋斗者比比皆是，所以华为人认为，他们要的不是赚更多的钱，而是一定要在竞争激烈的通信科技市场上站稳脚跟，有市场就是最大的胜利。

——❷——

卓越的文化锻造卓越的品牌

上帝在森林里同时播撒了山蕨和竹子的种子，给予它们同样的光照和水分，很快，山蕨破土努力向上生长开来，仿佛带着使命般向着上帝不断靠近。当山蕨葱郁的树叶铺满大地的时候，竹子的种子毫无动静，仿佛熟睡中的孩子，没有任何向往甜蜜的梦想。到了第二年，山蕨长得更加茂密，而竹子依旧没有任何变化。第三年、第四年过去了，竹子的种子始终没有发芽，相信，如果不是上帝特有的那份虔诚，一定以为竹子的生命早在入土的那一刻戛然而止了。但是，到了第五年，山蕨的周边冒出了一些细小的萌芽，与山蕨的威猛相比，这些小萌芽显得微不足道。又过了 6 个月，小萌芽长到了 100 英尺（约 30 米）的高度，远远超越了山蕨 5 年的生长，这些小萌芽便是竹子。

竹子，是在用生命的前 5 年生根，5 年的努力为竹子的生存做好了一切的准备。距离 1992 年华为研发并推出数字交换解决方案开始，华为整整“生根”了 5 年。这 5 年的时间里，史玉柱成了“巨人”，并推出一种为汉字系统专门设计的 M-6403——将汉字输入方法及其驱动程序固化为一个只读存储器的扩展卡；柳传志的联想 1+1 家用电脑作为业界首款笔记本电脑投入国内市场，提出家用电脑的全新概念；雷军加盟了金山，一个 22 岁的青年即将缔造金山的神话……而华为，用了 5 年的时间做了艰苦的挣扎。任正非没有与其他的企业家攀比，也从未拿华为与其他的企业进行过比较，当时机来临的时候，华为想不卓越都难。

一个品牌没有个百余年就称不上是“老字号”，一棵树木没有千百年就算不上是“参天”，同样，华为的卓越虽说不上历经了世纪，但也算得上是“而立”。30 年来，华为的坚持与坚守打造了它科技领航者坚实的基础。坚持，本就是这个时代的“奢侈品”，而华为却很常态化地将它做成华为的必需品。这是个大众创新、万众创业、全民都在奔跑的时代，华为没有任何理由不更加奋斗。

华为誉满全球，头顶上赫然闪耀着两大光环——“全球最大通信设备”与“全球第三大手机厂商”。华为是中国的华为，也是世界的华为。几十年如一日的坚持，始终如一的追求卓越品质，在华为走过的历程里，创新、竞争和强大从未间断过。回眸过往，相信任正非也会为自己始终不变的坚持和信念而感动。

2015 年，华为在发布全新旗舰机型 Mate8 时，曾在之前的“预热”中一直强调“坚持”。可见，是“坚持”让华为挺过了一切艰难险阻，是“坚持”让任正非熬过了很多个痛苦的日夜，也是“坚持”让广大消费者有幸见证了这一中国本土的世界品牌缔造的神话。如今的华为，已成为全球通信设备领域的领航者，有超强实力匹敌三星和苹果的国际巨头，被尊称为“全球最大的智能手机操作系统 Android 阵营的品质标杆”。

有人问，今天的华为算不算是卓越的？答案是毫无疑问的“是”！于是，又会有人问，华为的底气是什么，得到的坚定的回答是“技术自立”！在《华为的世界》一书中，作者吴建国这样形容任正非对技术的偏执：“任正非从一开始对研发投入的认识不是一种锦上添花的长远眼光，而是基于一种背水一战的拼命决心。”

“技术自立”是华为步向卓越的“本钱”，是华为生命的灵魂。当华为还是一个刚刚创立不久的小企业时，任正非果断地为华为所做的“技术自立”的战略构想，怎么听都像是天方夜谭。时至今日，相信不会再有任何人质疑华为的能力，就如同没有任何人质疑任正非的领导能力一样。任正非善于把握人才，保持技术人才旺盛的创造能力是保存华为生命线的“定海神针”，任正非看到的是拥有、留住、激发技术人才的智慧，可以不费吹灰之力地解决华为日后发展中可能遇到的更多障碍。

卓越本就是一个令人心酸的词汇，奔向它需要极大的勇气，拥有它更是难上加难。但任正非坚定的“技术自立”的决心，以及前瞻的视野决定了华为必须走在这条路上，始终朝着一个方向奔跑，不跑偏、不会错。华为创业 5 年之后，任正非大胆地将华为的所有积蓄全部拿出来，用于进行 C&C08 数字程控交换机的研发。其实任正非那个时候并不确定，华为是不是根厚积薄发的“竹子”，他并不确定 5 年的成长与自己认真的态度，是否已经为华为奠定了坚实的根基。但任正非可以确定的是，春风与雨露赋予华为的除了滋养，更有数不尽的积极创造性。当任正非压的这个“赌注”取得一定优势的时候，他再次将华为积攒下来的全部积蓄投入到以 SDH 技术为核心的光网络传输产品研发上。自此之后，任正非“倾其所有”投入研发的态势就一发不可收拾：从 CT2、ETS 等第一代模拟技术，到第二代 GSM，再到 3G、LTE 等技术，乃至如今的“芯”术，华为始终投入重金进行科研，任正非也坚定了华为一定要坚持攻关技术领域的前瞻战略思想，引领着华为向着卓越步步为“赢”。

如此这般，坚持着“技术自立”，使华为的战略发展更加核心地实施着。打造有品质的产品、提供最优质的服务，华为在通信设备终端领域越做越“美”，这个来自于消费者提供的货真价实的美誉度“含金量”极高，也是华为超越爱立信、西门子等世界几大通信设备供应商“巨头”，成为最大没有“之一”的最强动力。在“中国制造 2025”的推动下，华为不就是“中国智造”的典型代表吗？

任正非的忧患意识，让一直势头正旺的华为不得不冷静现实地将自己放在冰柜里，努力寻找“冬天”般的寒冷。在任正非的思想里，华为的“第二天”可能就是冬季，即便如此，华为从来都是乐观向前的理想主义者，坚持初心的品质精神，坚持做有温度的品牌。华为个性鲜明的企业文化就是成就客户、艰苦奋斗、高瞻远瞩、审慎决策，卓越的文化锻造卓越的品牌，卓越的品牌实现卓越的产品。

华为的品质要求华为的每一款产品，至少在技术研发上都要做到极致，要最大限度地做到最好。在市场反映 Android 手机长时间使用后出现的系统卡、慢、续航能力减弱等用户痛点后，华为推出“冷冻后台”技术，释放资源、大幅提升性能体验、延长 20% 的续航能力等；当市场再次提出“Android 用户截屏不便、熄屏后启动相机慢”等弊端时，华为推出敲击截屏、熄屏快拍等多项实用功能，极大地提升了消费者体验和服务满意度。

华为的这种追求卓越品质的精神，使得这个居世界科技领域前端的领航企业，即使对一点点的瑕疵都是不能容忍的。或许，很多时候瑕不掩瑜，但华为人要求的卓越一定要完美无缺才行。所以有了 2015 年 5 月，华为荣耀主动销毁了价值 2000 万元的手机，即便是在一点点瑕疵的面前，华为也绝不能妥协。对此，华为荣耀的总裁赵明曾如是说：自毁的那一批荣耀手机在运输途中发生了非常罕见的货柜车轮胎起火事件，随后的检测结果显示，

98% 以上的手机外观没有受到任何影响，且自身的功能也足以满足出货时的严格标准。但即使在这样几乎没有受到任何影响的前提下，华为还是不能够任其“外流”。华为宁愿自己受千万损失，也不能给消费者留下一丁点儿的瑕疵。因为这会违背华为追求卓越品质的初心。

科技行业的发展速度之快是我们无法预料的，当更多的企业在追求利益的市场竞争背后，渐渐遗忘了创业时的品质与初心，把消费者的感知抛在脑后，一味地向前狂奔，又像黑熊掰玉米一样，拿着一个又丢掉之前的那一个——有了数量丢了质量，有了速度丢了品质，有了产品丢了服务……

华为终端中国区的总裁朱平曾对媒体说过：“华为提出产品要有温度，更多的是希望给消费者产品体验；品牌也要有温度，能够更加了解本土消费群体的需求；团队也要有温度，以前提到华为就是艰苦奋斗、自我批判，但是现在，要在这些基础上，给用户和合作伙伴更多的温度。”

在科技产品快速更新迭代的如今，华为始终如一地保持着世界级的卓越品质，使华为的消费者既得到质量上佳的前沿科技产品，又感受到最优质的服务，这是华为的品牌温度。

华为就是中国的品牌，没有什么能遮掩住它璀璨的光芒。这光芒闪耀着中国科技，引领着华为卓越向前，终究有一天会登上世界科技巅峰。

—— 3 ——

做好随时过冬的准备

达尔文进化论最核心的一个论点，就是将“优胜劣汰”这个被忧患意识包裹起来的敏感词汇植入到世间万物的每一个细胞中——生物在生存竞争中适应力强的保存下来，适应力差的被淘汰。这是一个竞争激烈且残酷的世界，适者生存、不适者淘汰并不单单是生物界的现象，在市场竞争环境中甚至更为突出。

2001 年任正非发表《华为的冬天》，那是他第二次谈“冬天”。那时候，正值全球高科技产业举步难行的时期，华为以惊人的业绩获得中国电子百强企业首位，一时间，任正非的名字愈发响亮起来。

冬季，是四季中最寒冷的一个季节，特别是北半球的冬天时间长温度又极低，任正非提到的“冬天”是指通信设备行业所经历的那段沉寂和冷清的岁月。自 1998 年华为经过了 10 年的初创与发展期后，任正非共提到过三次“冬天”——2001 年、2004

年和2008年。差不多4年一次的“冬天论”像紧箍咒一样扣在华为员工的头顶上，稍有偏差，华为就将濒临灭亡。然而，这种危机的透明化与常态性，华为的员工能够顶得住这样大的压力吗？要知道，并不是所有的压力都能够激发出超强的动力，压力大反而加速毁灭的案例也不少。不知道是不是华为的员工都习惯了任正非这般的“危机论”，他们不但没有被压力击溃，甚至越挫越勇猛，使华为不断登顶。

其实，华为的第一个“冬天”，本是任正非对企业内部做出的一项预警，意料之外的是，这个“冬天”却成了整个世界最具萧条意味的解释。

华为在2000年的财务报表上，销售额一栏上赫然横着“152亿元”，29亿元的利润将华为推上了“全国电子百强”首位，此时的华为本就处在疯狂的浪尖，任正非这个时候提出“冬天”，无疑是将华为的知名度向更高一层推进。

公司所有员工是否考虑过，如果有一天，公司销售额下滑、利润下滑甚至破产，我们怎么办？我们公司的太平时间太长了，在和平时期升的官太多了，这也许就是我们的灾难。而且我相信，这一天一定会到来。面对这样的未来，我们怎样来处理，我们是否考虑过。我们好多员工盲目自豪，盲目乐观，如果想过这个问题的人太少，也许就快来临了。居安思危，不是危言耸听。

我到德国考察时，看到第二次世界大战后德国恢复得这么快，当时很感动。他们当时的工人团结起来，提出要降工资，不增工资，从而加快经济建设，所以战后德国经济增长很快。如果华为公司真的危机到来了，是不是员工工资减一半，大家靠一点白菜、南瓜过日子，就能行？或者我们就裁掉一半人是否就能救公司。如果是这样就行的话，危险就不危险了。因为，危险一过去，我们可以逐步将工资补回来，或者销售增长，将被迫裁掉的人请回来。这算不了什么危机。如果两者同时都进行，都不能挽救公司，想过没有。

十年来我天天思考的都是失败，对成功视而不见，也没有什么荣誉感、自豪感，而是危机感。也许是这样才存活了十年。我们大家要一起来想，怎样才能活下去，也许才能存活得久一些。失败这一天是一定会到来，大家要准备迎接，这是我从不动摇的看法，这是历史规律。

华为公司老喊狼来了，喊多了，大家有些不信了。但狼真的会来。今年我们要广泛展开对危机的讨论，讨论华为有什么危机，你的部门有什么危机，你的科室有什么危机，你的流程的哪一点有什么危机。还能改进吗？还能提高人均效益吗？如果讨论清楚了，那我们可能就不死，就延续了我们的生命。怎样提高管理效率，我们每年都写了一些管理要点，这些要点能不能对你的工作有些改进，如果改进一点，我们就前进了。

《华为的冬天》以上面的内容为开头，任正非又在下面的正文中列举了10个“小标题”，既是对华为之前十几年的概括，又是对未来很多个十几年的期待和努力：均衡发展，就是抓短的一块木板；对事负责制与对人负责制是有本质区别的，一个是扩张体系，一个是收敛体系；自我批判，是思想、品德、素质、技能创新的优良工具；任职资格及虚拟利润法是推进公司合理评价干部的有序、有效制度；不盲目创新，才能缩小庞大的组织机构；规范化管理本身已含监控，它的目的是有效、快速的服务业务需要；面对变革要有一颗平常心，要有承受变革的心理素质；模板化是所有员工快速管理进步的法宝；华为的危机，以及萎缩、破产是一定会到来的；安安静静地应对外界议论。

最后一句话“安安静静地应对外界议论”，仿佛任正非已看到了外界对华为“阳光下的冬天”的震惊。确实，对于一个镁光灯下傲然的企业，华为过分的“危机”有些夸张了，但“适者生存不适者淘汰”“生于忧患，死于安乐”的生存法则却时时刻刻警醒着任正非。

“沉舟侧畔千帆过，病树前头万木春。网络股的暴跌，必将对两三年后的建设预期产生影响，那时制造业就惯性进入了收缩。眼前的繁荣是前几年网络股大涨的惯性结果。记住一句话，物极必反。这一场网络设备供应的冬天，也会像它热得人们不理解一样，冷得出奇。没有预见，没有预防，就会冻死。那时，谁有棉衣，谁就活下来了。"《华为的冬天》结尾中，任正非对华为的员工这样说。在任正非看来，华为的今天是春意盎然，但绝不能春风得意，因为春天来了，冬天就不会太远。当冬天真的来临时，如果华为做好了一切储存准备，那么那个即将到来的冬天就不会冷。

任正非的担忧不是没有道理的，再晴朗的天空也会在一股风的间歇里瞬间乌云密布。曾经以年销售额 35 亿美元的光环坐拥世界上最大的字处理机生产商的美国王安电脑有限公司，在 1992 年宣布破产，光环与余晖之间只差了不足 1000 个日夜的距离；就连日本三菱这样的世界著名高科技公司，居然也在互联网飓风时代宣布退出电脑生产……是什么样的节奏，让昔日里的英雄霸业黯然失色？又是什么样的风云变幻，湮没了成功路上努力了才能有所获的成绩？

此时此刻，华为被历史摆在了一个不进则退的位置，科海无边，回头无岸，错过了发展机遇，华为将会全军覆没。任正非选择了迎难而上，带着随时都可能因懈怠不前而昙花一现的"危机观"。

任正非这篇充满危机论的《华为的冬天》，一经出炉立刻引起了中国科技领域的重视：大量网站和企业内刊转载了这篇文章；众多的企业家和 MBA 学员将其作为重要资料进行精读；就连创维集团董事长黄宏生都认为，这篇文章说出了所有做企业的人的感受；联想集团新帅杨元庆把这篇文章发给所有中层干部，要求认真学习；东软集团董事长刘积仁在公司成立十周年大庆之前，向下属推荐阅读此文。

对于春天而言，冬天真的并不远，因为四季只有春夏秋冬，因此，一定要做好随时过冬的准备。当然，IT 业的冬天并不意味着其他领域也一样寒冷，但对任正非和华为而言，却是严寒难耐的冬天，所以华为一定要更努力才行。

在任正非看来，华为这些年太顺了，这样的顺利并不是件好事。人类天生有一种惰性，不到迫不得已就不会去轻易改变，这在创新时代是必死无疑的“绝症”。作为华为的掌门人，任正非必须去刺激下面的每一个高层管理者、部门经理，甚至连一个基层的员工都不能“放过”，必须让每一个华为人都意识到，处在一种安逸的工作氛围中是不自觉的表现。如果工作失去了活力，待危机来临，一切都会为时已晚。

任正非从来不会慢条斯理地给员工讲大道理，就像那个“盛满凉水容器里的青蛙，在渐渐加温过程中的安逸和习惯性的坦然，待水温升至 90℃后的‘煮熟了不会再主动跳出去’的青蛙”的故事，他已经将这种安逸的危机意识时时刻刻地在灌输给华为员工。

4

坚持只做一件事

任何不利于华为发展的因素都有可能被视为“华为的冬天”，再卓越的企业，也会看到些许“冰冷”的端倪，而华为靠的就是坚定的信念，温暖地走过了每一个“冬天”，这个信念就是——坚持只做一件事。

很多人会问，任正非是怎样为华为制定战略构想的，为什么每一次都成功得那么坚定？任正非对此的回答总是，华为是被逼出来的！任何生命的繁衍生息都离不开环境的塑造，生物与环境之间的相互关系就构成了生态。可以说，生命是环境的产物，那么任正非所言的“华为的成功是被逼出来的”大概就是这个意思了；环境又会在生物的发展历程中或多或少地发生变换，比如华为的卓越品质早已扭转了外国品牌在中国市场的多年垄断局面，仿佛自有了科技，中国就一直依附于外国品牌而生存。无疑，华为的出现成就了任正非，成就了华为人，更成就了中国的高科技市场。

企业战略与营销学中，最常用的分析手段就是将企业放在大环境下进行科学地剖析，这个大环境包括政治环境、社会环境、技术环境与经济环境。其中，政治环境包括国家的方针政策、法令法规，以及国内外的政治形势；社会环境指的是人口、居民的收入或购买力，居民的文化教育水平等；技术环境一般是与本行业有关的科学技术的水平和发展趋势；而相对于其他环境因素，更能与企业的发展息息相关的就是经济因素，企业所处大环境下的经济因素包括宏观经济形势、世界经济形势、行业在经济发展中的地位以及企业的直接市场等。

1987年，深圳出台了“18号文件”，该文件明晰了民营企业的产权问题，在深圳经济小环境的改变之下，华为在任正非“被逼无奈”下应运而生了，恰逢当时大环境也倾向于支持民营企业的发生和发展，直接为华为的前进选择好了方向和目标。“后来，华为发展到一定规模时，我们感到税负太重，很多同事说把钱分了算了。”任正非说。但如果把钱分了，华为就没了，华为的员工就面临着下岗，中国的劳务市场就会多出那么几万或十几万的再就业人员，这不就是给社会添麻烦吗？特别是对多年来支持华为成长的广大消费者市场，所有的华为用户都将失去信赖已久的伙伴。这是任正非所不能想象的，也是华为不愿面对的局面。

千钧一发的时刻，深圳又出台了“22条”，规定投资先不征税，等到收益后再征税，这则条款随着华为的发展实行了好几年，这些年也足够华为发展壮大的了，再后来，华为已经规模化了，“22条”完成了它成就像华为这样的企业的使命。

为了坚持做好一件事，华为在技术和人才上的付出是巨大的，为此，任正非一点也不心疼，好钢一定得用在刀刃上。每年数百亿的研发投入，每年9位数的用于IBM顾问团的管理支出，这些数字是很多企业几年的销售额，但在华为，这是每年都还会递增的“新常态”。对于为什么会花如此大的支出用于企业管理，任正非坦诚地说：“你们知道吗？丰田的董事退休后带着一个高级团队在我们公司工作了10年，德国的一个工程研究院团队在我们公司也待了十几年，才使我们的生产过程走向了科学化、正常化。从生产几万块钱的产品开始，到现在几百亿美元、上千亿美元的生产，华为越搞越好。我们每年花好多亿美元的顾问费，我们走出国门、走向全世界的时候，什么都不会，不知道什么叫交付，全是请世界各国的工程顾问公司帮助我们。第一步就是认真学习，使公司逐步走向管理规范化。现在我们正在自己往前走，就想再做得更简单一些、更好一些。”

华为并非没有弱点，2013年华为向世界扩大军团的进程中，曾遇到过有史以来最严寒的“冬天”。那个时候的华为，是一个市值约1万亿（如果那个时候上市的话）、年销售额高达2390亿的超级科技公司，那些华为的奋斗者们自然是得到了任正非赋予的丰厚报酬，挣的钱多了，问题却来了。

“为什么？我们往海外派人都派不出去。大家都想在北京买房、陪小孩，都想在好地方待。”任正非再次恳谈 3 年前的“冰川”时，似乎还隐约有着一份尴尬。问题出现了就一定要去想方法解决，华为可不是只能同苦不能同甘的“尴尬夫妻”。当初华为最艰难的创业时期，所有的华为人向着同一个目标奋斗，大家齐心协力心往一处想，劲往一处使，终于平稳度过了华为的创业艰难期。现如今，华为超越了多年盘踞通信设备领航地位的爱立信，成为这一领域新的“领头羊”，功成名就之时绝不能让最初的那份热忱黯然失色。

任正非有了新的战略构想，一个能够让华为在挺进世界市场的同时还不辜负奋斗者的坚持的构想。华为开始提升一线作战人员的薪酬和待遇，那些勇敢“杀向”非洲领土的“将士”将获得远高于在北京和上海的报酬。这样的条件一经抛向年轻的奋斗者，立即产生了不同凡响的结果——“在非洲很快就当上‘将军’。你在非洲干，就朝着这个非洲‘将军’的标准，达到了就是‘将军’，就可以拿‘将军’的钱。现在我们的非洲员工根本不想回来。”任正非说。

创新是科技类企业的生命线，没有哪一个企业可以跨越这条线走在卓越的成功路上。华为的未来，必须依托科技创新才能走得更远。

“比如 4K 高清电视，现在北京、深圳都还做不到，但四川全省连偏远农村用的都是4K高清电视，就是我们和四川电信合作做的。”当有媒体记者问任正非，如何利用科技创新来引领华为的未来时，任正非这样说。所谓的4K电视是指像素分辨率为3840×2160的高物理分辨率的电视，这个分辨率是2K电视的4倍，可接收、解码、显示相应分辨率视频信号，可看清画面中的每一个细节、每一个特写，获得身临其境般的体验。

“4K电视会把带宽、信息管道撑得很大。手机很快也是2K了，也会把信息管道撑大。这么大的管道一定要有人来做！4K现在还没有到来，VR（虚拟现实）就要到来了，还能互动，流量会远远大于4K。这是阻挡不住的社会发展趋势，也是巨大的战略机会。香港、澳门马上也会实现。四川的实践证明，普通的农村也可以享受很高的带宽。”在任正非的介绍中，没有一丝的骄傲和自豪，但就是这样低调务实的话语，让我们看到了华为与众不同的卓越品质，看到了站在世界科技顶端却依然平视一切的任正非。

5

飞跃发展，立足主航道

世界是公平的，竞争亦是惨烈不留情面的。今天的华为尚且是世界之最，但明天谁是第一，今天谁也不知道。

顺应大环境的发展，任何航行者的航道都会愈修愈宽，宽到连领航者自己都想象不到。华为在与国外的企业抗衡时，往往都会取得意想不到的顺利，这不禁会让一些有心者质疑：难道，华为也在玩儿焦土政策？

企业的“焦土”政策是指目标公司大量出售公司资产，或者破坏公司的特性，以挫败敌意收购人的收购意图。出售“皇冠之珠”（皇冠之珠指的是目标公司将其最有价值、对收购人最具吸引力的资产出售给第三方，或者赋予第三方购买该资产的期权，使得收购人对目标公司失去兴趣，放弃收购）常常是“焦土”政策的一部分。

当然，这是他人的想法，任正非可从未承认过华为采取了“焦土”政策。任正非郑重地表示：“华为是小公司的时候就很开放，和别人总体都是保持友好的。为什么我们在国际市场有这么好的空间？因为我们知识产权的‘核保护伞’建立起来了，这些年我们交了那么多的知识产权费，当然我们也收了非常多的专利费，和那么多公司签了专利交叉许可协议，这本身就是友善和尊重别人嘛。我们现在发展速度比别人快，进入的领域比别人深，我们还要顾及世界的发展。”

在 2014 年第十一届华为全球分析大会上，华为明确了与以往战略布局的两大不同点：其一是明确提出了未来 5 年将实现 700 亿美元的收入目标，相较 2013 年的 395 亿美元几乎翻一番；其二是再三强调运营商业务（即主航道）的核心地位。轮值 CEO 徐直军表示：即便 5 年后，运营商业务也会占到 50% 以上。而企业业务和消费者业务比例大大缩水。

一直以来，华为都坚持在主航道上作战，映衬了华为坚持只做一件事的核心价值理念。那么，这条承载着众多创新科技的主航道，在越来越强的竞争对手涌现的今天和明天，在这个没有硝烟的战场，会不会越来越窄呢？

“主航道只会越来越宽，宽到你不可想象。我们现在还想象不出未来的信息社会是什么样子。我们只是把航道修宽了，在航道上走各种船，游艇啊、货轮啊、小木船啊，都是别人的，运营商也只是收过路费。所以我们要跟千万家公司合作，才可能实现这个目标。”在任正非的思想里，华为的主航道将是越修越宽的。

自 2012 年开始，华为在转型的通信市场空间上不断思索和分析，寻找一条适合华为奋斗的主航道。到了 2013 年，华为首次在分析师大会上提出了“主航道”，但并未做出决定性的战略布局，或许，任正非还没有勘察好，但华为的这条主航道，一定要越走越宽才行。

随后的一年，华为突飞猛进，全球销售额高达 2390 亿元，已经超越了爱立信并稳坐全球电信设备供应商的头把交椅。到了 2014 年年初，任正非在华为新年致辞中再次明确了华为的主航道战略布局——华为的未来战略就是聚焦信息流的管道策略。2014 年 4 月 23 日华为提出了未来 5 年要达到 700 亿美元的收入目标，仅 2015 年全年的销售额就已经实现了这个数字的大半。如果按照华为 40% 以上的年全球销售额的递增趋势计算，包括 2015 年在内的未来 5 年的全球销售额，华为或将超越 2000 亿美元。

在“互联网 +”时代，华为的主航道会不会受到大环境的影响呢？未来或将是一个全产业链的社会形态，运营商提供的管道会“像太平洋一样粗”，如此这般，用于传输带上的信息流和数据将不计其数地海量加速度，这是互联网社会不可或缺的资本，同样也是任正非为华为选择好的寄托着无限希望的主航道。

2016 年年初，任正非在华为的年度大会上做出重要讲话——以“纵深发展，横向扩张”为核心分析了华为要立足主航道。当战略机会开始向华为靠近的时候，华为理应聚集所有的能量，瞄准一个方向，打开市场格局。这种凝聚一切可以凝聚的力量、劲往一处使的策略，任正非屡试不爽。随着华为的飞跃式发展，曾经的700亿美元，今天已经上升为1000亿美元。任正非大胆提出，华为消费者业务要敢于尝试5年内取得超越1000亿美元的销售收入，这是华为一次革新的脱胎换骨，是中国高科技领域里程碑式的升华。

华为在刷新消费业务目标的时候，果断地调整了战略的重点和方向，这是任正非在“互联网＋”时期进一步的创新，也是首次超越自己一直以来的“管道工”思维，是令人尊敬的企业家前所未有的历史性蜕变。通过这次讲话，任正非表现出了一名军人特有的战斗思想，也让华为人见证了任正非一次难能可贵的“肆意妄为”。从任正非的感情色彩上，华为人看到了自己的未来，看到了明天的世界将会由谁来主宰。洋溢着战斗精神的讲话，虽说是任正非首次向外界表露自己的必胜信念，但他的字里行间依旧是谨言慎行，多年的低调和务实，给华为镀上了一层永不褪色的谦逊本色。

纵观全局，这场硬仗任正非是下了血本了，随着那声毫无保留的冲锋陷阵的号角吹响，华为拉紧了弓弦。终端业务上，任正非下了死命令——“在知识产权的‘核保护伞’下，要加快170个国家的终端业务的布阵点兵（巴西例外），在终端组织能力不强的国家，各区域、代表处要尽快成立终端的销售、服务组织，与终端同考核、同待遇。对于战略重点市场，终端组织可以插进去直线管理，原创立代表处组织仍然要分享成功。对于非战略机会市场，可以交给当地代表处管理，消费者 BG（Business Group，华为的一个业务集团）不要在这样的市场上耗费宝贵的精力，要聚焦能够形成规模的市场并努力尽快将这些市场做大。终端要敢于 5 年内超越 1000 亿美元的销售收入，在结构上、组织上、模式上要好好考虑。同时要保证合理盈利，库存风险可控。我们一定要立足打造中高端品牌，通过中高端带动中低端的销售。”

放眼全世界、气势如虹的华为，将带给世人怎样的又一轮惊喜？

链接：2015 年任正非最新修订版《致新员工书》

任正非的内部讲话一直被业界津津乐道，在 2015 年修订版《致新员工书》中，任正非强调：在华为改变自己命运的方法只有两个：一是努力奋斗；二是做出良好的贡献。

以下为 2015 年修订版《致新员工书》全文：

您有幸加入了华为公司，我们也有幸获得了与您合作的机会。我们将在相互尊重、相互理解和共同信任的基础上，与您一起度过在公司工作的岁月。这种尊重、理解和信任是愉快地进行共同奋斗的桥梁与纽带。

华为公司共同的价值体系，就是要建立一个共同为世界、为社会、为祖国做出贡献的企业文化。这个文化是开放的、包容的，不断吸纳世界上好的优良文化和管理的。如果把这个文化封闭起来，以狭隘的自尊心、狭隘的自豪感为主导，排斥别的先进文化，那么华为一定会失败。这个企业文化黏合全体员工团结合作，走群体奋斗的道路。有了这个平台，您的聪明才智方能很好发挥，并有所成就。没有责任心，缺乏自我批判精神，不善于合作，不能群体奋斗的人，等于丧失了在华为进步的机会，那样您会空耗了宝贵的光阴。

公司管理是一个矩阵系统，运作起来就是一个求助网。希望您们成为这个大系统中一个开放的子系统，积极、有效地既求助于他人，同时又给予他人支援，这样您就能充分地利用公司资源，您就能借助别人提供的基础，吸取别人的经验，很快进入角色，很快进步。求助没有什么不光彩的，做不好事才不光彩，求助是参与群体奋斗的最好形式。

实践是您水平提高的基础，它充分地检验了您的不足，只有暴露出来，您才会有进步。实践再实践，尤其对青年学生十分重要。只有实践后善于用理论去归纳总结，才会有飞跃的提高。要摆正自己的位置，不怕做小角色，才有可能做大角。

我们呼唤英雄，不让雷锋吃亏，本身就是创造让各路英雄脱颖而出的条件。雷锋精神与英雄行为的核心本质就是奋斗和奉献。雷锋和英雄都不是超纯的人，也没有固定的标准，其标准是随时代变化的。在华为，一丝不苟地做好本职工作就是奉献，就是英雄行为，就是雷锋精神。

实践改造了，也造就了一代华为人。“您想做专家吗？一律从基层做起”，已经在公司深入人心。一切凭实际能力与责任心定位，对您个人的评价以及应得到的回报主要取决于您的贡献度。在华为，您给公司添上一块砖，公司给您提供走向成功的阶梯。希望您接受命运的挑战，不屈不挠地前进，您也许会碰得头破血流，但不经磨难，何以成才！在华为改变自己命运的方法只有两个：一、努力奋斗；二、做出良好的贡献。

公司要求每一个员工，要热爱自己的祖国，热爱我们这个刚刚开始振兴的民族。只有背负着民族的希望，才能进行艰苦的搏击而无怨无悔。我们总有一天，会在世界舞台上占据一席之地。但无论任何时候、无论任何地点都不要做对不起祖国、对不起民族的事情。不要做对不起家人、对不起同事、对不起您奋斗的事业的人。要模范遵守所在国家法规和社会公德，要严格遵守公司的各项制度与管理规范。对不合理的制度，只有修改以后才可以不遵守。任何人不能超越法律与制度，不贪污、不盗窃、不腐化。严于律己，帮助别人。

您有时会感到公司没有您想象的公平。真正绝对的公平是没有的，您不能对这方面期望太高。但在努力者面前，机会总是均等的，要承受得起做好事反受委屈。“烧不死的鸟就是凤凰”，这是华为人对待委屈和挫折的态度和挑选干部的准则。没有一定的承受能力，今后如何能做大梁？其实一个人的命运，就掌握在自己手上。生活的评价，是会有误差的，但决不至于黑白颠倒，差之千里。要深信，太阳总会升起，哪怕暂时还在地平线下。您有可能不理解公司而暂时离开，我们欢迎您回来。

世上有许多“欲速则不达”的案例，希望您丢掉速成的幻想，学习日本人踏踏实实、德国人一丝不苟的敬业精神。现实生活中能把某一项业务精通是十分难的，您不必面面俱到地去努力，那样更难。干一行，爱一行，行行出状元。您想提高效益、待遇，只有把精力集中在一个有限的工作面上，不然就很难熟能生巧。您什么都想会、什么都想做，就意味着什么都不精通，做任何一件事对您都是一个学习和提高的机会，都不是多余的，努力钻进去兴趣自然在。我们要造就一批业精于勤、行成于思，有真正动手能力和管理能力的干部。机遇偏爱踏踏实实的工作者。

公司永远不会提拔一个没有基层工作经验的人做高层管理者。遵循循序渐进的原则，每一个环节对您的人生都有巨大的意义，您要十分认真地去对待现在手中的任何一件工作，十分认真地走好职业生涯的每一个台阶。您要尊重您的直接领导，尽管您也有能力，甚至更强，否则将来您的部下也不会尊重您。长江后浪总在推前浪。要有系统、有分析地提出您的建议，您是一个有文化者，草率的提议，对您是不负责任，也浪费了别人的时间。特别是新来者，不要下车伊始，动不动就哇啦哇啦。要深入、透彻地分析，找出一个环节的问题，找到解决的办法，踏踏实实地一点一点地去做，不要哗众取宠。

为帮助员工不断超越自我，公司建立了各种培训中心，培训很重要，它是贯彻公司战略意图、推动管理进步和培训干部的重要手段，是华为公司通向未来、通向明天的重要阶梯。您们要充分利用这个“大平台”，努力学习先进的科学技术、管理技能、科学的思维方法和工作方法，培训也是您们走向成功的阶梯。当然您想获得培训，并不是没有条件的。

物质资源终会枯竭，唯有文化才能生生不息。一个高新技术企业，不能没有文化，只有文化才能支撑它持续发展，华为的文化就是奋斗文化，它的所有文化的内涵，都来自世界的、各民族的、伙伴的……甚至竞争对手的先进合理的部分。若说华为有没有自己的核心文化，那就剩下奋斗与牺牲精神算我们自己的吧！其实奋斗与牺牲也是从别人那里抄来的。有人问我，您形象地描述一下华为文化是什么。我也不能形象地描述什么叫华为文化，我看了《可可西里》的电影，以及残疾人表演的《千手观音》后，我想他们的精神就叫华为文化吧！对于一个新员工来说，要融入华为文化需要一个艰苦过程，每一位员工都要积极主动、脚踏实地地在做实的过程中不断去领悟华为文化的核心价值，从而认同直至消化接纳华为的价值观，使自己成为一个既认同华为文化，又能创造价值的华为人；只有每一批新员工都能尽早地接纳和弘扬华为的文化，才能使华为文化生生不息。

华为文化的特征就是服务文化，谁为谁服务的问题一定要解决。服务的含义是很广的，总的是为用户服务，但具体来讲，下一道工序就是用户，就是您的“上帝”。您必须认真地对待每一道工序和每一个用户。任何时间，任何地点，华为都意味着高品质。希望您时刻牢记。

华为多年来铸就的成就只有两个字——诚信。诚信是生存之本、发展之源，诚信文化是公司最重要的无形资产，诚信也是每一个员工最宝贵的财富。

业余时间可安排一些休闲，但还是要有计划地读些书，不要搞不正当的娱乐活动，为了您成为一个高尚的人，望您自律。

我们不赞成您去指点江山，激扬文字。目前，在中国共产党领导下，国家政治稳定、经济繁荣，这就为企业的发展提供了良好的社会环境，我们要十分珍惜。21 世纪是历史给予中华民族的一次难得的振兴机会，机不可失，时不再来。“21 世纪究竟属于谁？”这个问题的实质是国力的较量，国际间的竞争归根到底是在大企业和大企业之间进行。国家综合国力的增强需要无数大企业组成的产业群去支撑。一个企业要长期保持在国际竞争中的优势，唯一的办法便是拥有自己的竞争力。如何提高企业的竞争力，文章就等您们来做了。

希望您加速磨炼，茁壮成长，我们将一起去托起明天的太阳。

第三章——

立足长远，扎根是为了向上

实践是检验真理的唯一标准，华为用实实在在的产品、技术、服务征服了用户，也征服了全世界。不可否认，华为今天获得的尊重，正是凭借着超强实力拼出来的。任正非这样说过，华为现在还并没有成功，只是一直在创业的路上。

❶

无限创造用户黏度

在这个市场经济体制靠拼技术、拼资历、拼战斗力的竞争环境下，那些用心思去创新产品、努力营造与用户之间更为亲密的关系，将企业、产品、用户三者黏连在一起的企业，才是最有战斗力的。

故用户黏度这个词语贯穿于企业战略发展的各个时期，所谓客户就是上帝不无其真理性，没有用户的产品毫无价值可言。那么，该如何理解用户黏度？企业又能做些什么无限创造用户黏度呢？

用户黏度是指增加用户与产品之间的使用频繁程度，通过大量的接触增加彼此的好感，爱不释手就是这个"黏度"的高境界。对于很多企业而言，"黏度"可以理解为用户对企业忠诚度的一种关键考量指标，对企业的品牌推广和良好形象甚至起着至关重要的作用。在此基础上，产品的销售和使用，以及对企业客户的管理方面也就水到渠成了。任何一个成功的企业，它的销售团队一定在用户黏度上有所成绩，比如华为。

可以看出，华为在与用户建立黏度关系，减少用户悄悄溜走的努力上，大致做过以下几方面的努力，用实力打败竞争对手。

其一，比对手更加了解你们共同的用户。这是一个数据的时代，企业做得好不好，要看营收；而用户多不多，要看产品销售数量…… 一切用数据说话，才能更加科学地为企业做好战略布局，知己知彼方能百战不殆。

华为企业业务 BG 存储营销总监杨传斌曾经讲过一个美国零售企业好市多（Costco）接到了一位母亲投诉的故事。这位母亲投诉好市多的理由是，这家企业向她刚满 16 岁的女儿推销孕妇类产品。那么话锋转回，好市多又是如何知道这个 16 岁的女孩是他们的目标客户的呢？一个做商品零售的企业靠什么超越了一位母亲对自己女儿的了解，更早地知道了这个女孩已经怀孕的事实？原来，2012 年的大数据时代带给全球科技行业的震撼已经到了很多人意想不到又难以相信的程度。据悉，这个女孩在知道自己怀孕之后，就开始在各大网站上浏览有关怀孕的帖子和新闻，并开始搜寻孕妇的必需品。这些浏览行为会被当作数据记录下来，好市多的数据分析团队，会据此进行精确的商品促销定位。

大数据时代的昨天和今天，这样的故事还有很多，华为不是要讲别人的故事，而是要将华为更加传奇的故事讲给他人听。

2012 年，华为中标了山东移动的项目，该项目对大数据的需求极为迫切。通过用户的话费清单，实现对用户的精确分析，对用户个人以及运营商和服务商而言都是极具价值的行为。

首先，从用户的电话记录上可看到很多信息，如电话记录上是拨出去的多还是打进来的多；电话拨打出去的是本地的多，还是外地漫游的多；最常联系的电话号码有哪些……然而，这些内容如果让用户单一地从一长串的电话清单上去搜寻和总结，怕是很耗费时间和精力。其次，山东移动用户数千万，要从中挖掘出所有用户的共性、消费特征，从而制定出符合不同用户需求的个性化资费套餐，其中的学问和奥妙怕是运营商单方面很难做到的。这些技术性很强的操作就需要专业的人来做——依赖于引入大数据的存储系统和分析系统。“部署大数据，一方面可以增加客户的黏度，另一方面可以降低运营成本，有的资费套餐只有很少人用，却还要为它维持一整套系统。”华为的业务 BG 存储营销总监杨传斌如是说。

在同山东移动合作之前，华为就已经与电信成功合作过，华为的大数据解决方案更是在电信领域有过很多成功的案例。其中，从数据本身数量上来看就是一个惊人的增长。华为跟踪大数据的统计结果显示，每 18 个月新产生数据的数量就是过去所有历史数据的总和。毫无疑问，大数据时代风靡全球，人类社会的数据量也在呈现着几何式的增长。如果这样理解，其实，在我们最初接触“大数据”这个词汇的时候，大数据已经存在很久了，只是还没有被充分地挖掘和利用罢了。

大数据的应用阶段大致可分为三个：第一个阶段为“关键应用部署阶段”，从20世纪的60年代开始至80年代早期，主要应用于企业在大型机上部署财务、银行等关键应用数据，用于存储的介质有磁盘、磁带和光盘。第二个阶段被称为“企业自动化阶段”，以PC（Personal Computer，个人计算机或者个人电脑）的出现和大量应用为标志。这期间，企业内部出现了office、Excel、PowerPoint等文档形式，再后来就是Adobeillustrator、Adobe Photoshop、Corel Draw、Adobe Premiere等图片、图像、影像、音乐等编辑系统。到了第二阶段大数据不仅仅是企业财务人员应用，还成为了大量办公人员、设计人员的应用程序，数据量也发生了巨大的增长。第三阶段就是我们所熟识的互联网时代，它为大数据的蝶变插上了规模性的翅膀，这期间产生的数据也得到了更大的扩展。除了第一阶段和第二阶段的主要人群，这一次是全民。全民都在为大数据做贡献的时候，其形式也是丰富多彩的，各种应用层出不穷，如视频、博客、微博等主动产生数据的媒介，也有搜索、浏览网站等相对被记录大数据的过程。

时至今日，大数据已从几何级增长升华为指数级增长，也是全世界的科技公司都必须要与PB（PB全称为petabyte，是一种较高级的存储单位，等于2的50次方字节，是1024TB。

1TB=1024GB；1GB=1024MB。MB 就是我们所熟悉的“兆”）级规模的数据“做闺密”的时期，华为的大数据故事，今天还只是一个小小的开始。

其二，帮助客户留住他们的客户，在实现客户次方级递增的基础上，将企业业务做大做强。随着“互联网 +”的深入，很多传统行业也纷纷进入到知识迭代、万众创新的时期，与此同时，金融行业也发生了前所未有的变化。尽管金融的本质并未改变，但大数据时代的创新方面至少为银行业带来了三个变化，即渠道上的多元化、交易方式要求做到“任何时候、任何地点和任何方式”，以及电商、运营商、第三方支付等更多元服务主体的出现。基于此，全渠道银行信息化建设就成为银行客户的迫切需求，在“任何时间、任何地点，以任何方式为客户提供多功能、全天候、个性化的金融服务”成为金融行业信息化的必然趋势。华为自是不会忽略这样塑造黏度的机会的。

在华为三大业务中，企业业务的发展和未来被视为“华为未来整体增长的新驱动力”，互联网引领金融信息化变革的今天，金融领域就成为了华为企业业务增长潜力最大的一大领域。

2014 年 5 月 23 日，华为举办了以“移动互联时代的全渠道金融创新”为主题的第二次全球峰会，这在华为服务的其他行业中实属罕见，足以看出金融业正逐渐成为华为的企业业务“新宠”。峰会上，华为企业业务全球销售副总裁刘维明表示：随着互联网金融业的兴起，银行对金融服务体验需求越来越高，尤其是在社交化、移动化等大数据爆发下如何快速、长期获益成为当下首要考虑的问题，华为在金融领域全渠道解决方案正在帮助全球客户改变这一现状。

对于一家专注电信设备制造多年的企业，当华为逐渐向金融、政府、电力、能源交通一些行业“转向”的时候，其中的大动作很难不被推至风口浪尖。从外部环境分析，由于第三方支付公司的迅速发展，互联网金融与时俱进地改变了其原有的服务模式，在支付、渠道、产品等方面都变得更为“移动”。那么，金融机构就必须要有一整套稳定性好、安全性高的系统来解决以上问题，并支撑机构能够适应创新时代的战略和发展。

刘维明举了这样一个案例来说明金融行业在新时期的需求正是华为的服务方向之一。

一家外国银行电子银行的交易量显示，该交易量是网店交易量的 3 倍，其中，78% 为手机银行操作。“目前通过电子渠道的业务增长比例已经大大高于传统渠道的增长。”刘维明表示。在这种新形势竞争环境下，传统银行就需要更多的在服务创新上做文章，一定要为客户提供更贴心的体验服务和更安全的运营环境。这一切都离不开信息技术的支持。华为，这家专注于技术研发的企业就成为了广大金融行业最好的合作伙伴。华为是全球唯一一家集自主研发、生产、交付于一体的服务器生产商，通过更高性能、更高可靠性的ICT解决方案，包括在网络、云计算、大数据、移动宽带等支撑银行全渠道的服务。

2015年7月，华为荣耀公司与百度钱包强强联合，华为荣耀7的用户可以在这款手机上率先体验到指纹支付的技术和功能，除此之外，还在指纹支付作为生物支付的基础上进一步对用户的支付安全做出保障。如华为荣耀与百度钱包联合推出的“1分钱碎屏险”，即华为荣耀7用户通过下载该产品的APP后，使用百度钱包进行指纹支付，购买“1分钱碎屏险”，100天保障期内，如果屏幕碎了，用户可以去荣耀的维修点进行索赔。其实，这还只是华为荣耀与百度钱包合作的第一阶段，之后二者还将在更多的领域开展合作，更直观地黏合用户。如今，单一在技术上做创新和单一在服务上做精致都已经不可能满足消费者日益高涨的“需求”了。

—— ❷ ——

华为的“知识力”战略

企业的历史沿革将企业形态分为劳动密集型、知识力密集型和创新型三大形态，这三种形态无形中将企业的战略发展定格在了一定的圈层中，换言之，就是将企业做了类别上的划分。当然，这并非绝对，因为很多企业或是其中两种，或是其中三种形态的结合产物。

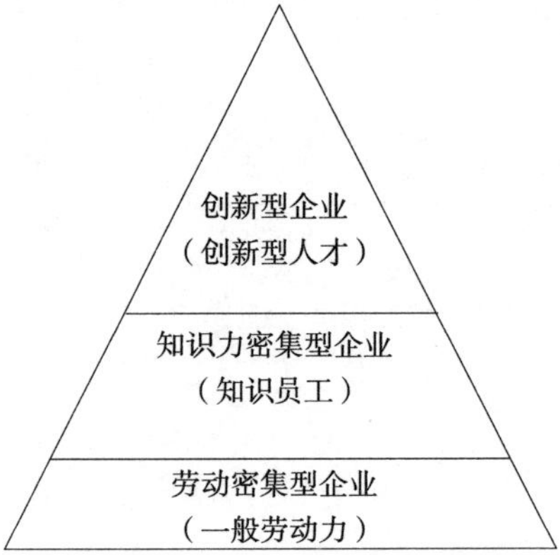

图 3–1　企业的三种形态

如果以时间为轴线分割的话，那么以上三种企业形态大致 8 年一个阶梯。2000 年前后，中国开始逐渐融入到世界经济一体化中，作为“低成本 + 产业集群”的典型代表，中国很快就在世界经济一体化中奠定了其世界工厂的地位，这一亮点地位让众多的中国企业获得了不小的价值，同时也影响了中国经济的走向。2008 年，世界经济开始发生质的改变，中国这个“后世界工厂”能否安全度过危险期，攸关众多劳动密集型企业的生死存亡。这些“血汗工厂”面临着市场的压榨，面临着人心的忐忑，特别是那些低成本生产者在通货膨胀和成本急剧上升的时期实属濒临灭亡。这是一个世界性的话题，中国有句古话叫“大难不死，必有后福”，这些在危难之际成功突围的企业，凭借一己之“力”（即智力、知识力）向着卓越又迈进了一步。相信大家对这些以知识力为核心竞争力的企业并不陌生，比如华为就是这个时期典型的知识力密集型企业。又过了 8 年，2016 年作为中国“十三五规划”的开局之年，李克强提出来的“大众创业，万众创新”号召开始在这个时期走俏。知识力密集型企业是“万众创新”号角吹响后第一批冲上“前线”的先锋军，是创新型企业的基础力量。

表 3–1　企业的三种形态及其特征

类别	概念	特征
劳动密集型	指生产需要大量的劳动力，产品成本中活劳动量消耗占比重较大的企	劳动密集型企业的资本有机构成低，劳动者占用固定资产的数额较低，在产品成本中活劳动消耗所占比重较

续表

类别	概念	特征
	业，又称为劳动集约型企业。在劳动密集型企业里平均每个工人的劳动装备不高，比如纺织业、服务企业、食品企业、日用百货等轻工企业以及服务性企业等	大。因而，它具有投资省、单位投资能吸收较多劳动力、技术操作要求较低、资金周转快的特点。一些劳动力资源丰富，而资金短缺、技术发展水平较低的发展中国家，注重发展劳动密集型企业，有利于充分发挥劳动力的优势，弥补资金和技术力量的不足，积累建设资金，加快经济建设
知识力密集型	以大量知识员工为主体，大规模生产知识型高附加值产品的企业。这些产品可以是通信设备，或者汽车公司的某款发动机，或者动漫公司的动画片等	第一，企业中有数量庞大、低成本和受过高等教育的知识员工；第二，这类企业具有快速有效的组织能力；第三，企业的产品或服务具有很高的附加值，使企业有足够的利润进一步扩张，并有能力通过培训学习等方式提升其人力资本
创新型	指拥有自主知识产权的核心技术、知名品牌，具有良好的创新管理和文化，整体技术水平在同行业居于领先地位，在市场竞争中具有优势和持续发展能力的企业。创新型企业主要分布在高科技行业、消费品行业以及知识密集型服务业。这是一个国	（1）企业内部研究与开发能力相当强；（2）从事基础研究或相近的研究；（3）利用专利保护自己，与竞争对手讨价还价；（4）企业规模足够大，能长期高额资助R&D（研究与开发）；（5）研制周期比竞争对手短；（6）愿意冒风险；（7）较早且富于想象地确定一个潜在市场；（8）关注潜在市场，努力培养、帮助用户；（9）有着高效的协调研究与开发、生产和销售的企业家精神；

续表

类别	概念	特征
创新型	家最有活力的企业，是创新型国家建设的主力军，也是风险投资机构最青睐的投资对象	（10）与客户和科学界保持密切联系。为建设以企业为主体、市场为导向、产学研相结合的技术创新体系，培育大批创新型企业是关键

从概念和特征上看，知识力密集型企业是劳动密集型企业的升级，创新型企业又是知识力密集型企业的升级和创新。如此这般华为还真的是后两种形态的典型企业。

的确，经过了本世纪的17个年头，一大批中国企业在劳动密集型向知识力密集型转型升级过程中倒下了，有一大批企业，特别是科技类公司又在知识力密集型向创新型迭代过程中萎缩甚至濒临消亡。不得不说，华为作为一直以来专注于科技的公司，它的稳健成长、疾风飙进值得所有中国企业学习与“跟风”。

那么，作为承上启下的知识力密集型企业，到底是怎样的一种形态呢？其实，我们只要将华为的这一点细节做好研究，就等同于吃透了企业的三种形态。回首华为30年的成长历程，仿佛置身于中国企业此岸与彼岸之间的介质中，看得清也看得透。可以说，华为是劳动密集型企业，来自全球的华为员工总数从2008年的8万名员工攀升至2017年的18余万名员工，其中，截至2016年，从事研发的员工就已达8万人，占全员工总数的45%

左右。所以，华为是货真价实的劳动密集型企业，只不过，担当华为劳动者的均是一群智力卓越的超强大脑们，是一群名副其实的知识劳动力。严格意义上来说，华为是由一群有学识、有技术的“超强大脑”组成的劳动密集型企业。

华为的“劳动力”是能够创造出附加值的知识劳动力，是由能够萌动创新力量的创新型人才组成的不断壮大的知识劳动力团体。相当长的一段时间里，华为的这种“知识力密集型”或将成为中国企业不可替代的核心竞争力，成为世界科技竞争中一条不可逾越的鸿沟。于是，华为这个“知识力密集型企业”的先锋官不仅要做好自身的创新和发展，更重要的是做好科技领域领航者的职责，引领中国比邻世界。那么请问，华为是怎样去做的呢？

不难理解，华为的成功不是靠招募大量工程师“搭架子”，而是要对这些“准基因”进行时时刻刻的学习和创造。这里，我们又回到了对华为人才培养的思考问题上，华为对人才的培训、组织、学习、考核、创造、激励等措施都十分奏效地为华为的战略发展奠定了坚实的核心基础。一个徒有技术的企业可能会在短时间内战胜很多手无缚鸡之力的中小企业，甚至可以像带着装备进行武装越野的将士们有力量、有魅力。在智能制造时代，技术是核心，但懂技术的人才才是核心中的核心。

科学地讲，技术是人才研发和创造出来的，人才可以塑造技术，但技术却不可能创造一个血肉灵动的人出来，这就是技术与人才最大的区别。华为一直做科技研发，因此任正非一定不会忽略对人才的持续培养和塑造。华为的“知识力”远比任何的价格战、攻坚战、冲锋战等来得更加靠谱、更加有价值。

过去的中国企业只是懂得如何组织工人更有效地提高工作效率，使企业获得更高利润。但过去的中国企业并不擅长组织工程师来创造更高的价值，即便选择了制造业这个最荒凉的领域，也很难生存长久和有意义。倘若将更为先进科学的组织方法根植在企业的人才培养计划中，那么中国很多个这样的企业，就将会创造出不一样的成绩。知识力密集型的组织都能找到组织工程师的办法，比如华为。

“21 世纪最重要的管理将是对知识员工的管理。”这是著名的管理学大师彼得·德鲁克的至理名言。华为 17 万余名员工之中，1/2 由研发和技术型人才组成，这个比例 20 多年来几乎没有太大的波动，人力资源配置呈“研发和市场两边高”的“微笑曲线”。

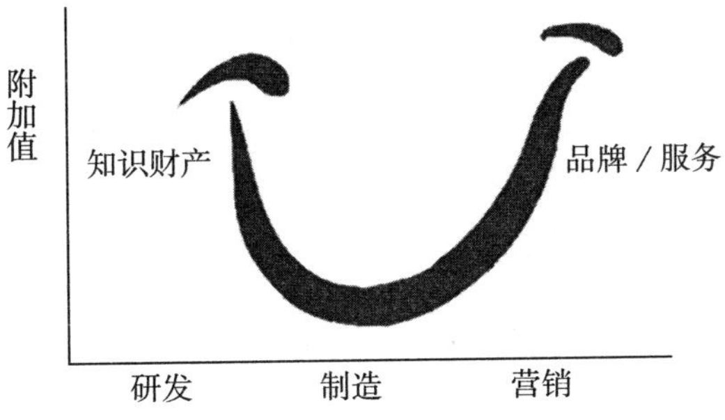

图 3–2 微笑曲线示意图

“附加价值在供应链的分布形态已经发生了变化，中国的民营企业应该集中资源做本企业最擅长的供应链环节，向‘微笑曲线’的两端延伸。”中欧国际工商学院民营企业研究中心黄少卿研究员做出了如上分析，也许这微笑的背后凝聚了华为掌门人任正非的坚定。这就是掌管中国最强大的科技帝国公司所应具备的战略眼光。

—— 3 ——

各尽所能，各得其所

图 3-3 是各大搜索引擎均能够搜索到的图片，据说拍摄于 2012 年 4 月 25 日，任正非正坐在首都机场的摆渡车上。没有保镖也没有随从，他左手拉着行李箱，右手抓着摆渡车吊环。当被问到为什么不开微博，为什么不做基金时？任正非回答：搞技术的不懂做这些事情，就会做实实在在的事情，不会做虚的。

图 3-3　任正非低调乘坐公交车

任正非一直以来以低调务实著称，若不是有人在公交车上拍摄到他，恐怕没有谁会相信，一个坐拥数千亿销售额企业的掌门人会一个人搭乘公交车。而他口中的“做实实在在的事”也就变得更令人期待，到底是一些什么样的秘诀令华为在成长之路上总能排除万难，渡过一个又一个荆棘和障碍？

任正非的“实在”不仅仅体现在他的为人和品性上。同时，在对华为的管理和发展上，任正非也坚持务实的本能。比如在塑造华为这件事上，任正非是动了实实在在的“心思”的，如华为的战略如何布局、华为的一些机制如何制定、华为的文化如何定位等方面。或许在很多年前，别人不了解任正非也不十分看好华为的时候，没有人会去深度挖掘这个实实在在的企业到底在做着哪些务实的事情，而当华为的光亮开始普照中华大地的时候，行业内外以及华为的用户们不得不竖起大拇指，赞誉这个中国本土成长起来的世界品牌，果然不同凡响。

确实，当很多一起打拼的企业选择了机会主义，选择了投机取巧，选择了铤而走险，选择了捷径的时候，华为没有跟风，而是一如既往实实在在地做事、做用户实用的品牌。

20世纪90年代初期，中国各界政府、企业都在为加入WTO做着充分的准备。恰逢全世界各国都陆续承诺开放通信产品市场，中国作为典型的“世界工厂”瞬时引起了全世界通信巨头的垂涎。一时之间迎来了所有世界通信设备的巨擘，中国的通信市场根本承接不来，严重的供大于求让这些巨头们开始担心，进军中国这条路是否可以走得更远？当时的中国已经进入改革开放的第20个年头，虽说地大物博，人口也不少，但经济实力还是远不及“亚洲四小龙”以及欧洲等发达国家。

世界强国的巨擘在中国的通信市场都举步难行，更何况中国的本土企业。很多中国的民族通信企业受到了强烈的挤压，很多招架不住的企业都被击垮了，极少数的民营企业凭借顽强的斗志一直在这场声势浩大的斗争中坚持，华为，就是这些流血不流泪的中国本土企业中的佼佼者。

一直坚定华为会活到最后的信念，正是任正非理性的独特战略规划——集中资源、重点突破、战略领先。这与后来华为的“管道战略”一脉相承，与任正非一直强调的“专注只做一件事”息息相关。华为改变了当时在低端市场上角逐的定位，扭转了被追赶、被洗牌的被动局面，在企业掌握核心技术的基础上发展与技术领先相关的其他产品，开始踱步在世界科技领域。这个时期的华为，还算不上是富有的强企，没有足够的资金去铺设更宽敞的跑道。公司在深思熟虑之后只将项目定位在一些可供资源共享的选择上，研发的新品和多元化的经营也都是围绕着这个资源共享的平台。对平台之外的项目，即使再有诱惑力也坚持不做，以免分散有限的精力与资金。

这个时候，可能会有一些企业家觉得任正非太“畏首畏尾”了，甚至不能够抓住很多暴富的机会。特别是当房地产行业如雨后春笋般在中国的各个大中小城市插上它们胜利的旗帜时，任正非还蹲守在科研岗位上头悬梁锥刺股呢。可见，华为的经营模式一直是：依托研发的高投入带动技术的持续领先，通过大规模席卷式的营销在最迅速的时间内形成正反馈的良性循环，远离低端市场上的价格竞争，利用技术优势带来的产品高附加值，推动华为高速和高效益地增长。

华为将这种战略称为“压强原则”，就是把自己这个还很弱小的企业放在很多跨国大企业的竞争中，采取一个以弱胜强的唯一战略。当然，这样的“胆大妄为”让太多的人刮目相看的同时，也让其质疑，华为的以卵击石能否成功？可以说，全世界都在等着看华为的笑话，看任正非的战略失误，可是华为赢了。

不是没有绝处逢生的生命，不是没有化险为夷的智慧，不是没有九死一生的挣扎，而今天我们看到的华为，正是经历过很多次这般惨不忍睹的厮杀，好像越是对自己狠一些，越能够战胜攻无不克的对手。有谁会相信，一个民营小企业会战胜几大世界强企呢？

任正非还给华为定了一条铁的纪律——明确规定研究开发费用占销售额的10%，只能多不能少。这条政策实施起来看似简单，但它要摆脱一切外在因素的干扰，一如既往地坚持下来就很难了。有多少企业在实施类似的政策的时候，因后期的战略扩张不得不在固定资产、生产设施上大规模投资，从而限制了研发费用的支出，原定的设想只能大打折扣。对于科技类的公司，你给你的技术打折扣，你的收益和利润就会同样无情地给你的生存打折扣。周而复始的历史规律，有多少企业傻傻地中招了？

技术的搁浅直接导致的结果就是企业规模过大，后劲乏力。特别是资源配置方面，往往呈现出来的就是生产系统大、研发和市场营销小的“中间大、两头小”的局面。过重的包袱压得企业透不过气来，也影响了进一步的战略步伐，即使之前做的计划天衣无缝，但因为没有按照计划来实施，加之外在因素的深入影响，此时的企业家怕是很难再清醒地为企业出谋划策了。

然而，与这些为数众多的企业相比较，华为实属特殊。因为华为不仅在资源配置结构上与上述企业截然相反，最主要的是，华为少了哪方面的投入也不会少了研发的。一路走来，华为的研发人员从未低过40%，这是任正非的底线，也是华为破釜沉舟的唯一筹码。华为员工的架构上大致为研发人员占员工人数的40%，市场营销人员占35%，生产人员仅占15%，其余是行政管理人员。如此这般科学的资源配置，对于华为的个性需求是高度满足的，不仅体现了公司战略的要求，还对公司的灵活性与应变能力做出了更好的把握。

“我们是靠把所有生活和娱乐的时间都挤出来，是靠没日没夜地追赶来缩短我们与国外大公司之间的差距，我们不会分光、吃光，而是把一些分配的奖金、工资和股金转到企业的投资上去。”任正非的战略眼光总能更为理性地走在行业前沿，哪怕是那些高高在上的外国企业，恐怕也没有这般气魄。

在华为，每一个人都是公司的主人，所以当所有的主人一起为一件事而努力的时候，这个公司想不强大都很难。是的，华为人的主人翁意识超强，强大到任正非一直都在强调“比起华为员工，我什么也不是”。

在华为的运营机制里，强调的是“各尽所能，各得其所”这8个字，对企业忠诚度越高、为企业奋斗越强、为企业创造的价值越多的员工，将会获得更高的回报。华为成功的一个很重要的因素体现在，公司对剩余价值的分配制度上进行了大胆的探索并取得了前所未有的成效。大家都知道，剩余价值的分配问题是企业所有利益机制中最根本的一个环节，又因为剩余价值来源于价值收益和价值成本，所以一套科学的剩余价值分配方案至少要让分配获益者认识到，只有创造出更高的价值收益，并且尽可能地降低价值成本，企业才能获得更高额的剩余价值。

华为公司一个突破性的观点认为，公司的全部价值是由劳动、知识、企业家和资本共同创造出来的。在这种观点下，知识在价值创造中所做出的贡献就需要重新估价。国外的一些经验告诉我们，当一些技术和知识获得了突破性的成绩之后，往往会在接下来的规划中主要去寻找资本，而这其中也存在很大的风险，因而又被称为风险投资。即便有风险，很多资本企业还是非常愿意进行企业投资或参股行为，毕竟利润的最大空间还是十分吸引人的。那么也就可以理解为，外国的经验提供给我们的已经不是资本雇佣劳动了，而是转变为知识雇佣资本，这也就改变了固有的价值创造要素。

在中国的高技术高科技领域里，若要重新认知这个问题，知识估价最直接的方法就是，让知识投身到创造中，对其所创造出的价值和作用力进行科学定价，从而也就特别突出了知识和企业家在整个价值创造中的作用。

任正非在给华为的价值分配进行体系上的重新确认时，就已经突破了原有的古典经济学中有关价值创造的理论，这个突破对华为公司的价值分配系统奠定了一定的设计基础。在知识创造价值再获得回报的问题上，华为公司用的是转化为资本的方式使劳动、知识、企业家的管理和风险得到合理的回报，换言之，就是知识资本化和企业家的管理与风险的资本化。

劳动、知识以及企业家的管理和风险的累积贡献，需要通过转化为资本的形式以获得体现和报偿，这就必然产生股权的安置性问题。作为一家始终不计划上市的世界500强企业之一，华为公司的股权安排原则是，保持企业家群体对公司的有效控制和有利于公司的中坚力量，使公司可持续成长，而不是使创业者的收益最大化。

如此，我们就能够更清晰地理解，为什么任正非总是说自己不占有一分股份，自己与华为员工相比什么也算不上了。只有真正做到将企业和员工看得同等重要的决策者，才能获得员工的忠诚和企业的创造价值。

—— ④ ——

华为掌门人的六剂良方

任正非很多思想的形成都来自于成长的过程中父亲和母亲的言传身教。在这位科技帝国的巨人心中，永远割舍不下的就是对父亲和母亲的爱与回忆。在 1995 年和 2000 年，父亲与母亲的相继离世给任正非的内心带来极大的触动，这个铁骨傲然的汉子，一样会在想母亲时潸然泪下。世界上的每一份母爱都是伟大的，来自于母亲的理解是对任正非最大的慰藉，哪怕一生沉默也无所畏惧。

任正非的名字刚刚在行业中为人所知的时候，很多人并不理解任正非低调的真正原因，毕竟“低调”也是一种营销的手段。很多年过去了，经历过岁月的洗礼，仿佛只有任正非是最真实地站在绝处遥望，宁静又致远。

年届古稀，比起其他的年轻企业家，任正非更有资格将华为的商业轨迹作为蓝本传授给商海的新秀们。诚然，任正非是卓越的，华为是卓越的，但任正非从来都不认为自己伟大，他只是说，自己是个被生活追赶着担心明天就会失败的商人。改革开放几十年，任正非就跟着历经了几十年的沧桑蜕变，但他始终怀揣着这颗经历过沧桑的平常心平常地生活着，仿佛从未被岁月蹉跎过一样，以一名过客的价值谦卑不逊着。

有人说，任正非是一名医术高超的“保健医生”，从有了华为的第一天起，就承担着照顾这个技术生命肌体健康的重责。华为在任正非的照料下迅速且健康地成长，华为取得的成绩自然而然地掩盖了可能产生的各种矛盾，这个矛盾或许有，或许没有，但不管是有或是没有，都已经不重要了，成绩说明了一切。创造成绩的过程是艰辛的，任正非必须时刻保持冷静的思考和谨慎的头脑，不断形成迭代式的创新思维和创造力，并优良地传承给华为和华为的员工，让这部战斗在世界高科技领域的“中国号”战车保持旺盛的战斗力，勇往直前。

任正非的管理思想中，有六剂良方，严格考核着华为，使这个年轻的企业在世界的舞台上不骄不躁、百毒不侵。

六剂良方之一为“开放、妥协、灰度”。这是任正非在2009年的一次市场工作会议上提出的，当时并没有列入任何纪要中，反而被有心之人放在了网络平台上。为了让流传不再跑偏，为了让华为人不被任何外界因素误导，任正非重新梳理了一番，并以总裁办邮件形式在华为内部发布。“开放、妥协、灰度还是一个不成熟的概念，但文章反映了我的真实思想，希望领军的干部多读读。”任正非在内部的讲话和文件传输上也十分低调，可见他一直以来留给世人的“低调务实”作风并不是装出来的，那是骨子里铁打不动的生命根基。

任正非在与一位美国的政治家交谈中曾经真诚地表示过，他并不是太赞同美国的单边主义，那样的太强势、太霸权不适合中国企业的生存和竞争，他认为，也许企业弱势一点，不仅能够带给世界和平，而且还能获得更多的支持。

竞争的战场需要往前冲的勇猛，但也不能缺失了往后倒退一步的安然。如果将领们适时选择了部分后退，是不是就更能够形成战队的稳定性结构？

表 3–2　比赛阵型中主要队员类别、活动范围及主要职责

主要类别	主要活动范围	主要职责
前卫	比赛队员的一种，在比赛阵型中，位置处于后卫与前锋之间，主要活动范围在中场	是全队锋卫之间的桥梁和攻防的枢纽。承担控制中场、协调攻防的任务
前锋	在比赛阵型中，位置处于最前端，是全队主要的进攻力量，主要活动范围在前场和中场	承担突破对方防线、争取射门得分的任务，主要活动范围在前场和中场。根据其活动范围在场区的左（右）边、中间等，可分为左边锋、右边锋、中锋及内锋

续表

主要类别	主要活动范围	主要职责
中锋	前锋的一种，是全队进攻的尖刀和主要得分手，活动范围主要在前场对方禁区附近	利用熟练的过人技术和突破能力，突破对方的防线，寻找和制造战机，射门得分，或为同伴创造良好的得分机会。由攻转守时，也需积极封抢，阻挠对方的进攻组织
后卫	在比赛阵型中，位置处于守门员与前卫之间，是全队主要的防守力量，主要活动范围在后场和中场	封锁通向本方球门的通道，扼守门前的危险区域，随时弥补防守线出现的漏洞，是防守线的支柱

以赛场上的队员阵列为例，科学的配置和对队员优势分析的精准掌握，将直接影响赛事的结果。故而，一个企业的战略规划中，稳定的战队结构至关重要。上层了解中层和基层人员的特性、员工与员工之间达成默契的合作意识、企业人员与用户的深度理解与沟通、竞争对手之间的相互了解、企业与供应商之间的垂直关系掌握程度等，都构成了这个竞争市场的重要因素。队列站得好不好，彼此之间的供需是否平衡，影响到整个竞争生态。

六剂良方之二为“以客户为中心，以奋斗者为本，长期艰苦奋斗”。这是华为奋斗 30 年总结出的经验精髓，是华为文化的真实写照。其实，消费市场上的任何企业行为追根溯源都是以客户为中心——为客户提供及时、准确、优质、低成本的服务。对于企业而言，顾客是上帝，那么企业的奋斗者就是为上帝提供直接服务的人员，是直接影响消费者消费行为的企业中坚力量。长期艰苦奋斗亦是在客户的基础上充分做强做大的关键，企业付出的一切行为都是对客户的负责，如果给客户提供的服务少了，客户的消费就可能成为泡影；如果给客户提供的服务充分且恰到好处，对消费者和企业而言都是双赢的。长期的艰苦奋斗考验的是人的意志和韧性，这种思想上的丰满远远比现实的物质实惠更能激发人奋斗的决心。

六剂良方之三为“强调责任结果为导向的组织与干部考核机制”。在华为，中高级干部是必须要通过经营组织学习考核的，组织行为能推动个人和团队的成长进步，增强组织的柔韧性和弹性，要让所有的领导干部跟得上企业成长的步伐，任何人都不能掉队，这是任正非对所有华为人的要求与承诺。但是，当华为奔上了航空母舰时，却依然有一些领导干部手里握着船桨，这样的思想和工作效率远远跟不上华为的节奏，是注定要被淘汰的。

在华为，考核不仅是约束员工的一种手段，另外，它的激励作用将是最直接有效的组织与机制形式。有考核就存在惩罚与奖励，华为的薪酬待遇体系是以奋斗者的能力为准绳的，有奋斗、有贡献、有目标、有结果（包括长期结果、短期结果，直接结果、间接结果，有形结果、无形结果等，所有结果均以责任为导向）。“不能为客户输出任何有益结果的能力，我们是不承认的，这就是我们多年来不承认茶壶中煮饺子的缘由。”任正非在内部讲话中就这一话题如是说。

所以，华为的几大良方都是以客户的需求和体验为基础的，包括各种机制与考核。考核的目的是多元的，比如人才的优胜劣汰和自我梳理。位于四川岷江中游灌县的我国古代最著名的水利工程都江堰有名传史册的六字箴言——深淘滩，低作堰。说的是，人都要不断努力学习，不断修身养性。厚德载物，宽天下成大事，胸怀大志方能做出更有益于人类和社会的事；除此之外还要谦卑不逊，低调务实，越是冷静的情况下，人类的大脑做出的判断和计划越科学，这也是所有企业家都应该具备的领袖魅力。

也许你会说，我们每一个人可能都不用去治水，但我们每个人是否要治理好自己的人生呢？在华为，任正非就将这条“要理解深淘滩、低作堰的深刻哲理”纳入六剂良方之四。特别是对高级干部的要求，任正非强烈指出要克服人性的贪婪，管理好自我的欲望，特别是管理好组织欲望就会减少很多不必要的内外矛盾。攘外必先安内，内部的矛盾没有了，外部的竞争将更加有核心竞争力。

可见，在任正非的管理理念中，干部的政策是至高无上的。六剂良方之五是“干部政策要遵循正确的导向”。在华为，领导者的判断和决策直接左右着中层和基层人员的行为，间接导致了客户的体验性感知。这就要求企业一定要坚持正确的干部选拔、使用、管理与培训机制，让华为的生力军生生不息。适者生存，不适者势必被淘汰，这是生态环境下不可逃避的生存法则，华为要立足于世界科技领域，华为人就一定也要在这一领域上找得到自己的位置。坚持正确的干部管理与制衡机制，是华为的事业长盛不衰、华为人才奋发图强的纽带。而干部，将是担负起这份价值传承的最优之选。所以，六剂良方之六为“干部要担负起公司价值观的传承”。

华为的思想与文化恰恰就是任正非的思想与文化，奋斗了30多年，华为所经历的成功和挫折都能够在人力资源管理的成绩上窥探出端倪——思想权和文化权是华为最大的管理权。

企业的长治久安永远都是别人竞相效仿的技能，研究推动华为不断向前的主动力到底是什么？是什么样的力量让华为永远都在自我优化的舞台上跳得最美？答案：一起努力。

或许，很多个奋斗过程中，就连奋斗者本人都不一定理解掌门人的良苦用心，更别说旁观者了。但是我们相信，华为是要做长远战略发展的，华为人也不是今天入职明天就要离职的“冲动魔鬼”。很多时候，时间就是最好的“解释”，相信每一个华为人，渐渐地都会理解他们那位低调务实又寡言的掌门人。

5

选择艰难的台阶

美国著名企业家、投资人彼得·蒂尔（Peter Thiel）在他的一本书《从零到一》中提出过一个观点——做困难的事情也许更容易。这句话听上去会有一种被戏弄的感觉，事情本就已经很困难了，怎么还能做起来更容易呢？任正非通过将华为打进欧洲市场这件事例证明了，做困难的事或许更容易些。

2005年3月，英国电信（BT）正式宣布与华为成为战略合作伙伴，标志着华为开始向欧洲市场进军。华为成功打开欧洲市场的大门，并不意味着欧洲市场的大门没有上锁，也不是华为有多么出奇，如果以分数计算的话，当时的华为也就勉强及格。从业务到战略，再到道德采购，BT对华为的前期考察内容多达13项，进行全方位360°无死角“体检”，包括华为的供应商和分包商也难逃被“体检”的命运。既然迈进了欧洲市场的大门，就没有被淘汰的道理。任正非和他的团队开启了持续技术创新模式，无论何时何地，技术创新将永远是个热词。

据华为英国总经理张建岗回忆，当初进军欧洲市场这个超高门槛的时候，可是历经了很多次“例行检查”，完全没有预料的那种抽查。BT 不会事先通知华为，更别说沟通了，而是直接随机抽查华为一定比例的员工，通过与 BT 方专业的翻译以独立访谈的形式进行各个功能部门业务的交流和考核，包括商业计划、客户关系管理、企业内部沟通等纵向管理过程，以及需求获取、研制生产、安装交付等横向管理过程的每一个环节。有关“道德采购”的考察，是 BT 对华为最严格的一项考察，华为员工生活和办公地点是否存在安全隐患，员工的食堂、宿舍甚至厕所的相关选项是否达标，这些细节中的细节都是 BT 严格认证的内容。

这样的认证考察大概持续了两年，BT 终于认可了华为，也正式与华为签订了合作协议，从此英国电信就成为华为开拓欧洲市场的重要突破点。“我 2005 年到 2008 年任职欧洲区总裁，当时我们刚刚进入欧洲市场，华为完全是凭着创新，尤其是帮助客户成功，以及帮助客户解决当前存在的问题和困难才能走到今天。”华为常务董事、战略 Marketing 总裁徐文伟对当时在欧洲的那段经历有着刻骨铭心的记忆，华为也用自己的努力证实了，国外的市场并不是那么容易就能够进得去的。

或许华为在美国拓宽自己的战略发展之路还需要很多磨合，但不得不承认，华为走进欧洲市场，这对中国企业而言本来就极其困难的事情，却在任正非的努力和坚忍下成功实现了。

有公开数据显示，自 2011 年开始，来自于欧洲和中东非洲两大市场的销售额就超过华为年全球销售总额的 1/3 甚至更多。时至今日，华为的欧洲市场已经是公司业务开展的重要战场，很多创新项目都是首先从欧洲开启的。如第一个分布式基站及第一个 2G、3G 合并基站，与此同时，华为还在欧洲设立了全球能力中心、全球财务中心、全球风险控制中心。

华为在欧洲取得的佳绩让国内的很多通信科技公司跃跃欲试，各大中国本土手机厂商也纷纷瞄准了全球市场。很快，中兴带着雄厚的政府家底进驻美国，小米选择在印度复制其在中国的成功。但是很快，中兴在美国遭受到了苹果的严重打压，被打压得根本抬不起头来；小米在印度的“复制”也没能起到好的效果，甚至刚刚进了印度市场就接到了爱立信的律师函，并不重视研发的小米自身的根基本就不牢，这次印度之行就此戛然而止。

华为的成功是有目共睹的，从中兴和小米的事例中，我们似乎可以认为，华为的品质追求与技术的持续创新，为其打开欧洲市场提供了质的保障，所以任正非是对的，选择最困难的事也能做得很好。

曾有一段时间，“华为感到迷茫”这句话在行业内外广为流传，对此，华为常务董事、战略 Marketing 总裁徐文伟用一句话作为回应，他说：“华为走到今天已经没有领路人了。”这样的回答或许与任正非一直以来的低调相比，显得有些“高调”了，但仔细想想，这句话确实是如此，华为已经是世界科技领域的“领头羊”，它只能不断自己超越自己。徐文伟还特别举例说明：华为发布了全球第一个 2G、3G、4G 合一的基站，而数学上的突破成为其在研发过程攻克技术难题的关键。时至今日，华为在欧洲已经与所有主要的运营商建立了联合创新中心，并设立了力学研究所、美学研究所等进行基础研究，合作的范围从云存储和电信设备扩展到汽车及网络安全行业等。仅 2015 年上半年，华为就与欧洲企业签署了 15 项合作协议，这个数字是它 2014 年全年的成绩。

“欧洲是一个开放、欢迎人们来做生意的地方，正变得越来越像华为的第二个本土市场。”华为常务董事、战略 Marketing 总裁徐文伟在接受采访时曾如是说。

华为在欧洲市场的成功之作堪称用 10% 的优势获得了 10 倍的成绩，这本就是一种存量思维，要么降成本，要么高性能。如果选择了降低成本，那就与最原始的价格战没有什么区别了，提高性能才是华为成功的必由之路。华为选择了用 10 倍的努力去做最困难的事，从最开始任正非就带领华为选择了不走寻常路，表面上看着难到无法实现，但越是困难的事情选择去做的人越少，反而给了那些少数选择去做的人成功的机会，这不是投机，而是智慧。

所以，做困难的事反而更容易，这就是华为给予我们最直观的印象，相比华为，很多曾经光芒四射的企业选择了一条更容易走的路，带着一份机会主义的野心一窝蜂地涌向了同样的铜臭之路，却惨败在铺满黄金的战场上。

2003 年，中国的通信供应企业在面对更容易赚钱的小灵通与短时间内可能无法有所利润的 3G 项目时，几乎所有大的通信设备制造企业都选择了前者，至今 10 余年过去了，3G 在创造了质的飞跃之后，应运而生的是 4G，5G 的到来也是近在咫尺的事情。但如今，还有谁对小灵通有记忆呢？

是的，当初华为选择的就是后者，选择了 3G 就意味着要进行一场“屠龙”大战。当时中国的科技领域对 3G 的认识还是未知数。

既然国内市场没有用武之地，华为又想在 3G 时代分一杯羹，那就只剩下去分割世界科技这块大蛋糕。跳出国内本土市场，小小的华为能够走多远，或者说能够活多久，其实任正非自己也不知道，他只能坚定不移地向前，活到最久的那一刻。不言而喻，华为选择的这条路确实难行，有时甚至会颗粒无收。但转念一想，若是没有困难，那么与另一条容易的路还会有区别吗？马丁·路德·金说得好，信仰是在你看不见整段楼梯时就踏出第一步。

选择艰难的台阶，可一旦爬上去了，你就会甩下竞争者很远，很远。

第四章——

管理哲学，唯有惶者才能生存

成功本就是一株饱受沧桑的树木所结出的果实，没有谁的成功是随随便便就得来的。通过30多年的时间，建立起全球的云数据中心，扎扎实实地创造了华为的生态王国。任正非总结道：“高科技企业以往的成功，往往是失败之母，在这瞬息万变的信息社会，唯有惶者才能生存。”

❶

为华为开启“自学”模式

“要将上帝给你的恩赐发挥到极致！”这是美国电影《阿甘正传》中主人公阿甘最爱说的一句话。这句话也蕴含了整部电影诠释成功的含义：成功就是要将个人的潜能发挥到极致。随后，“阿甘精神”便以迅雷不及掩耳之势贯穿了奋斗者的一生，像阿甘一样坚持不懈的精神、不去计较的努力、为自己的目标坚持到底、努力向前的斗志……这也成为了对所有奋斗前行者的一种鼓舞。

个人亦或是企业，他们的奋斗过程中至少会有一项内容叫作“学习”，学习最可能的成功、学习最卓越的管理、学习最品质的营销。但当学习的对象越来越少的时候，就进入到自我学习阶段，学习如何超越自己的昨天，成就更卓越的明天。当华为人自己意识到“前面没有领路人”时，任正非立即为华为开启了“自学”模式。

华为的知本一直都被业内人称道，而这种能够在最快的时间内调整到最好的学习状态，一定不是“临时”起意，而是一种习惯，也只有“习惯”能够解释：为什么华为这一路走来都充满了浓厚的学者风范。当然，这其中起到关键作用的必定是任正非的领袖风采。华为的重要战略中有一条是，无论任何情况下都要至少保证10%的费用用于技术研发，是什么促使任正非这样的坚定呢？让我们一起将回忆切换到任正非的少年时代。

前文中我们已经提到过，任正非的父母为了保证包括长子任正非在内的7个孩子在教育上“一个也不掉队”，即使在吃了上顿没有下顿的情况下，也不会少了孩子们一分钱的学费。这段经历在任正非后来的多次内部讲话以及他自己写的文章，亦或鲜少的几次采访中都提及过，足以见得父母的言传身教胜过世间任何一本“教材”。

任正非本人就是一个在学习的问题上最活跃的“话题王”。高中以前的教育都是在家乡的学校、父母的眼皮子底下进行的，在父母的严格管束下不敢不主动学习。后来上大学去了重庆，离开了家乡、离开了父母和亲人的任正非，早已习惯了“学习”这个与生命息息相关的生存法则。

在任正非决定创建华为，决定将华为培养成最卓越的一个中国本土科技品牌的时候，他就已经将“知识”早早根植在了华为的生命里。有那么一段很长的时间，中国的技术产品都依赖于进口，当外国的品牌打进中国市场的时候，中国的企业也只能默默忍受着。所以，当华为决定自主研发的时候，一些竞争企业是“偷着乐”的，因为他们根本想象不到一个中国的通信设备公司能够研发出与世界技术抗衡的产品，他们或许认为，几年或几个月之后在本土竞争对手中将少一位“不自量力”的毛头小子；还有一些比较有远见的企业多少还是对华为的决心持有肯定的态度，毕竟这个选择，他们想到过却没有勇气去实践。如果华为成功，未尝不是中国科技领域一项质的飞跃。

在别人都不做研发的情况下，任正非坚定不移地搞研发，还是大手笔地搞研发。迄今为止，加入到研发团队中的中国企业已经不在少数，在这个大众创新、万众创业的时代，人才和技术就是企业的核心竞争力，任何时候的学习和进步都不晚，但不得不强调的是，华为提早进入学习（自主研发）状态，是它迈向世界舞台的关键一步。

任正非对学习的态度一直都很认真，认真到恨不得让所有的知识都在大脑里走上一遭。还在任正非上大学的时候，他就自学了三门外语和当时就很感兴趣的计算机、数字技术、自动化控制，就连樊映川的高等数学习题，他都一道不落地做了三遍。要知道，那个时候的重庆已经进入了“枪林弹雨”的季节，别说自学了，就算是专业课堂上也不见得有几个学生坐在那里认真学习。任正非的家人们曾经开玩笑地说，任正非不管是有用的还是没有用的都拿来学，而且都是努力学到更好的那种状态，就连他们这些与任正非生活在一个屋檐下的亲人都不得不对他刮目相看，那份认真的劲儿着实让大家佩服和感动。

自学过程中，任正非也会遇到困惑与不解，值得庆幸的是，大学期间他认识了西安交通大学的几位老师，作为老师本就爱惜人才，任何环境中依然不忘自学的人才定是他们爱不释手的珍宝。这些大学老师不仅给任正非在有关的技术问题上答疑解惑，还慷慨奉上一些油印的书供任正非学习之用。

任正非的思维逻辑很强，他的那个脑子仿佛就是为了挑战世界技术而诞生的一样。早在读书期间，任正非就喜欢上了逻辑和哲学，所以说那种领袖的魅力就是在成长过程中潜移默化形成的。这份“智者”的天赋在任正非多次的内部讲话中都可见到。

任正非曾在总结华为的资本积累时说：“华为在创业时期，没有资本，只有知本，华为的资本是靠知本积累起来的。”任正非强调的是知本积累，是华为的知本主义，而不是字典里的知本论。任正非认为，“知本论”是社会学家们研究的内容，华为还没有那么强大到去抢学者的饭碗，知本的强大已经足够华为学习很多年甚至更久的了。仔细研究和学习知本各要素之间的关系，以便于指导华为解决一些现实中的问题，就是任正非对华为短期的一种寄望和期许。

有人说，任正非和华为都是理想主义色彩过于浓厚的人，对此，他们并不排斥自己的思想中包含着理想的一部分空间，但现实，一直是华为人理性的思考与认知。所以任正非要求："我们的学习要深入实际，各级干部都要学习收集案例。不要在对自己部下的培训中，言必称希腊。深入不进去的管理干部，要下放，不能在华为形成空中楼阁的管理。"

掌门人的一席话道出了华为渊博的根基，只有在任何时候都不忘学与研之本，才能活得更长久。

—— 2 ——

做专注执着的阿甘

“华为没那么伟大，华为的成功也没什么秘密！华为为什么成功，华为就是最典型的阿甘，阿甘就一个字——傻！阿甘精神就是目标坚定、专注执着、默默奉献、埋头苦干！华为就是阿甘，认准方向，朝着目标，傻干、傻付出、傻投入。华为选择了通信行业，这个行业比较窄，市场规模没那么大，面对的又是世界级的竞争对手，我们没有别的选择，只有聚焦，只能集中配置资源朝着一个方向前进，犹如部队攻城，选择薄弱环节，尖刀队在城墙上先撕开一个口子，两翼的部队蜂拥而上，把这个口子从两边快速拉开，千军万马压过去，不断扫除前进中的障碍，最终形成不可阻挡的潮流，将缺口冲成大道，城就是你的了。这就是华为人的傻干！”当与媒体谈到华为的战略与成功之时，任正非一直强调的是，华为的成功不像外界认为的那般神秘，他任正非本就是一个简单的人，华为亦是一个简单得不能再简单的企业，华为的成功也是简单到没有任何秘密。如果一定要找一个成功的“密码”，那就是一个字——“傻”！

还记得那个智商只有75的阿甘吗？正常人的智商介于90~110，75这个数值连进入小学接受教育都很难，又怎么能在社会上闯出一番作为呢？可是阿甘就做到了，用他仅有的75智商在长跑、打乒乓球、捕虾，甚至爱情等很多个领域都崭露头角，甚至可以称之为成功，最后还成为了一位知名的企业家。反而是阿甘的那些聪明的同学和战友却在成功的路上跌倒了就再也没有爬起来。

阿甘还是一种美德的模板，他诚实、守信用、做事认真执着、遇到困难永不退缩、愿意为他人不求回报地付出，更不会介意别人对自己的拒绝与无理，坦坦荡荡地生活。阿甘的精神与阿甘的美德让我们看到了所熟识的华为：它也本本分分、认认真真地向着最好的科技品牌而不懈努力，华为人付出的艰辛或许是很多企业的员工一辈子加起来都实现不完的“大量”，但华为人却没有埋怨，更没有后悔，甚至不求任何的回报。在任正非的感染之下，华为与华为的员工们都实现了一种价值上的超凡脱俗。

华为在每一次战略抉择面前，任正非都选择了将所有的炮弹放在一起冲锋陷阵，如同阿甘将自己仅有的智慧、信念和勇气集中在一起，什么也不去理会，凭借着一份执着不断向前，再向前。进步与成功是没有终点的，每一个可以观览风景的窗口都是上帝赋予奋斗者的奖励。

阿甘的成功来自于他的“傻”，他不懂得钩心斗角，不会机关算计，不擅长计算输赢与得失，他唯一记忆深刻的就是妈妈教给他的那句话——要将上帝给你的恩赐发挥到极限！所以，阿甘遇事只会最简单的坚持，没有任何感情色彩。职场之上，任何企业都不缺少聪明人，任何行业也都不缺少天资聪慧与含着金钥匙出身的企业，但往往是那些从零开始，总是将自己局限在破釜沉舟境况下的人，才会比别人更努力去突围，努力去活得更久一些。

人生本就是一场经历无数次“试验”的过程，你选择了 A 就要心甘情愿地放弃 B 可能为你带来的一切殊荣，你放弃了 C 也就阻断了所有与 C 有关联的优胜劣汰。或许 D 会是你人生最完美的终点，但你却与其失之交臂，感恩上苍，在你选择一路与 A 同行的时候，你便拥有了一切 A 赋予你的机遇和挑战。一切机遇的面前人人平等，能否把握得住就看个人的坚持和努力了。

1997 年，华为 10 岁，任正非 54 岁，就这样，一个“父亲”带着他的“孩子”来到了全世界科技最强大的美国。在 IBM 公司的贝尔实验室里，任正非得到了人生中一次重大的精神洗礼。“我年轻时代就十分崇拜贝尔实验室，仰慕之心超越爱情。”任正非回忆着说。这次别样的参观，使任正非领略到了贝尔实验室名人成就展的风采，在巴丁的纪念栏下拍照留念，还怀揣着一份崇敬的心情去巴丁 50 年前发明晶体三极管的工作台前站了一会儿。

特别是在密如蛛网的贝尔实验室里，那些对科研奉献了终身的博士对科学的热忱，让这位年过半百的中年男人肃然起敬。任正非思索着，自己什么时候也能有这样一支博士团队，他回国之后就开始向着这个愿望努力了。5 年之后，华为有了第一个预研部。

诚然，这个时期的任正非和华为，已经离“贫穷”二字越来越远，但一开始传承下来的那份艰苦奋斗的精神依然没有离去，始终在华为人的信念中继续成长。1997 年，中国的高等教育制度进行了一次大改革，作为 9 年义务教育之外的高等教育，开始向学生收取学费了。很多贫困的学生可能面临辍学的危机。任正非了解之后，以华为集团的名义向国家教育部门捐助了 2500 万元“寒门学子基金”。这只是华为在知识海洋中贡献出的一部分微薄之力，随后的很多个慈善捐助公益事件，任正非均以华为“头衔”无数次做出了不求回报的贡献。有人为任正非出谋划策，给这份“寒门学子基金”命名中加上华为的名字，任正非并未同意，在他的心里，贫穷出身一样光荣，而再高贵的出身缺少了知识的衬托也是一种可耻。

一路走来，今天的华为拥有的一切都得益于“傻”——傻傻的付出，傻傻的舍得，傻傻的坚持，傻傻的简单。没有几个企业能像华为这般挺过重重困难还能够笑着面对，用常人难以忍受的“辛酸泪”洗面，以最美丽的素颜站在世界的舞台上，接受掌声与鲜花。即使全世界都认为华为是傻阿甘，华为人自己也都在傻傻的欣慰和幸福中。

著名的管理学家、《华为基本法》起草小组在一次与任正非的对话中，对华为在“傻”的问题上均表达了自己的看法。而他们的看法，像哲理一样影响着很多个奋斗中的中国企业。

任正非表示：“华为不是上市公司，不受资本市场的约束和绑架，我们可以为理想和目标‘傻投入’，所以我们可以拒绝短视和机会主义，我们只抓战略机遇，非战略机会或短期捞钱机会可以放弃，这是资本和股东做不到的，只有理想主义者可以做得到，为理想和远大目标敢于加大技术、人才、管理体系和客户服务的长期投入，看准了，舍得为未来的目标连续投、长期投（注：每年超过销售收入10%以上的研发投入，研发总投入超3000亿，管理咨询投入超300亿，纳税1900多亿），避免了短期行为，耐得住寂寞，忍受得了艰苦和磨难。华为就是一只大乌龟，20多年来，只知爬呀爬，全然没看见路两旁的鲜花，不被所谓互联网‘风口’所左右，回归商业精神的本质，坚定信心走自己的路。”

彭剑锋则认为华为的“傻”是一种超越一般“聪明”的有智慧的“傻”，是一份难得的坚守、执着和付出，并总结出华为的“四傻”，即：是坚定目标与追求的“傻干”、坚守以客户为中心，以奋斗者为本的“傻付出”、基于战略和长远发展的“傻投入”和最终企业和员工都得到“傻回报”。

彭剑锋对华为的感情不亚于任何华为人，这就好像是一位优秀的鉴赏家遇见了一件珍贵的宝物，所以，彭剑锋走到哪里，都会将华为的成功与卓越放在舌尖上："我到欧洲一些国家去游学，欧洲一些学者也经常会问这样一个问题，中国经济为什么能保持30多年高速增长而不衰，为什么会产生华为这种企业，我回答：中国人这30多年比别人付出的更多；当你们在周末或节假日休闲晒太阳享受生活的时候，中国的企业家和员工还在工作，还在付出。天道酬勤，华为人今天创造的奇迹，来自于华为人的奋斗和付出，某种意义上是华为人用命去搏的。其实，华为以客户为中心，以奋斗者为本，持续艰苦奋斗的核心价值观具有普适的应用意义，任何一个企业只要能将这一理念落地并做到位，不想成功都很难，其他企业做不到，而华为'傻傻'地认真去做并做到位了。"

其实，以华为的智慧根基，随随便便抓住一个机会就能创收几百个亿，但华为并没有被这些所谓的短期利益蒙蔽。任正非做的每一次决策都不会花太长的时间，也不会在非战略机会上浪费战略机遇的时间。"所以，华为的'傻'，还体现为不为短期挣钱机会所左右，不急功近利，不为单一规模成长所动，敢于放弃非战略性机会，敢赌未来。敢赌就是战略眼光，就是聚焦于大的战略机会，看准了，就集中配置资源强压在关键成功要素上。"任正非如是说。

自创建至今30多年了，华为只做了一件事，那就是坚持管道战略，通过管道来整合所有的业务与产业，这就好像是人类的大脑，通过中枢神经向其他的神经系统不断传送和获取信息，实现脑细胞最优效的价值产出。人一旦坚定了做齿轮这一件事，就会很自然地忽略掉周遭的零部件，任正非就是这样一个拒绝短视和机会主义的智慧的掌门人。

❸

最高目标——活下去！

2016 年，29 岁的华为经过了初创、奋斗、成长、破茧……已经成长为一个非常成熟的企业，不是没有风浪，也不是没有经历过危机，但华为始终踏实、平稳地走过了每一步，用华为人自己的话说就是：“质量，就是我们华为的底气！”

2016 年 3 月 29 日，“中国质量奖”制造领域第一名的殊荣被华为摘得，这是中国质量领域最高的政府性荣誉奖项，每两年评选一次，华为投资控股有限公司与中国北京同仁堂（集团）有限责任公司、厦门航空有限公司、中国航天科工防御技术研究院分别获得该奖项。

“中国质量奖”最早由国家质量监督检验检疫总局提出，并与国家标准化管理委员会共同发布，旨在表彰在质量管理模式、管理方法和管理制度领域取得重大创新成就的组织和为推进质量管理理论、方法和措施创新做出突出贡献的个人。在全球范围内，目前已经有80多个国家设立了有关质量奖励制度的奖项，如美国的“波多里奇国家质量奖”、日本的“戴明奖”，以及欧洲质量奖、英国质量奖等。这类国家质量奖项的设置，一方面，增强了企业对于质量责任感的追求心，提高了企业用于竞争的信心；另一方面，更是在行业内起到了示范和引领的作用，激励更多的企业在质量上寻找竞争，在竞争中带动进步。华为，无疑是行业的典范，其核心的竞争力，恰恰就是质量关的严格控制。

经营学中，有一个不成文的“条例”——市场是大家的，一个人的舞台或许会吸引一些观众的短期关注，但却不会吸引更多观众的持久青睐。竞争环境是残酷的，优胜劣汰的守恒定律相信每一个经营者都十分清楚。所以，很多企业都希望在竞争中脱颖而出，获得足够的利润，“武装”企业再度前行。然而，一些企业为了获得更高的收益，想到了恶性降低成本这个投机取巧的办法，这样的做法最终伤害的只能是企业自己。

我们都知道，利润的最简单的获得公式为“利润＝营收－成本”，一些企业为了获得更高利润，在做不到增加营收的情况下就采取了降低成本的办法，而且，这种降低还是恶性的，比如中国的电线电缆行业的一些中小企业，就存在恶性降低成本获利增收的现象。

一些数据显示，目前中国的中小型电线电缆企业有8000余家，在与智慧能源（原名远东电缆）、万马电缆、亨通电缆、宝胜电缆、上上电缆等为国内领先电线电缆制造商共同分割电线电缆市场份额的同时，往往因为缺乏研发和创新能力，只能在低端产品上横生枝节。但由于电线电缆“料 > 工”的特性显著，且原材料的价格几乎占了总成本的 80%，甚至更多，因此原材料的优劣程度将直接影响产品的质量。一些小企业之间的竞争，无外乎就是打价格战，那么何来无限降低价格的筹码？那就只剩下在原材料上动手脚了，最终产生的结果就是质量大打折扣。

近些年来，我国基础设施的大量新建、翻建以及对特高压、智能电网的发展上，刺激了该行业市场的进一步快速发展，增加了对电线电缆的市场需求，那些只看得到“在原材料上小题大做从而降低了成本更降低了质量”的中小型企业自然也是看到了“市场春风吹满地”的壮阔蓝图，也就快马加鞭继续“偷工减料”了。

更值得关注的是，因为有机会，所以会有很多希望在机会中挖掘出潜力，甚至不惜破釜沉舟大干一场的企业和投资公司的存在。如在城乡电网改造工程上，一些企业大量生产架空导线和交联电缆；高新技术产品突飞猛进的当下，有一些企业大力生产高压交联电力电缆和光缆；智能制造产业成为中国 2016 关键词的时候，还有一些企业又涌向汽车电缆……盲目的跟风，盲目的投资，除了生产过剩、供大于求的现象外，倘若没有了质量作为有力支撑，再不能够在创新集成方面努力前行，那些只看到短期效益的中小型电线电缆企业的路，还能够走多远呢？

诚然，这样的自打自家招牌的行业和企业是不会“长命百岁”的。华为不是慈善机构，它的经营也需要为每一个华为人负责；每一个华为人也不是菩萨，他们同样需要赚钱养家。但华为是良心企业，华为人是有品格的中国人，所以华为绝不会在产品质量上投机取巧，更不会放大机会主义，盲目跟风，那种绝对拒绝短视的企业理念，根深蒂固地扎根在每一个华为人心里。而能够主导这一切闪光点的，便是华为掌舵人——任正非先生的领袖风采。

作为当家人，将华为打造成通信设备的翘楚，任正非的战略眼光、思维定力、领导艺术、管理能力等特质就成为了企业发展过程中一个至关重要的影响因素。任正非的做事风格很像德国人，所以华为的成长之路颇具德国企业的色彩。

德国式的领导模型中主要有三大特点：专注于目标、强大的执行力与教练式的沟通。无疑，华为始终如一的那份坚持受益于领袖任正非的“专注”精神。在做“专注”，甚至将这份“专注”做到晶莹剔透的程度，任正非就不能面面俱到去碎片化管理，他需要更多的能够独当一面的副将来鞍前马后，他才能够得出空闲来高瞻远瞩。

被任正非选用的人，首先是值得信任，才可以放权给他，那么这个人就必须同任正非一样，至少具备领导者相似的素质和精神——信任员工，不断挖掘员工的潜力，努力将员工带到一个共同学习的空间领域不断完善自我、塑造自我。当很多细致性的工作都被放心地交给高层、中层、基层员工后，任正非的手里就没有负担和压力了，此时的他才能够擦亮眼睛，看得更高、更远、更透彻，做出的决策更精准、更具有竞争性，始终保持高姿态不自贬地努力和前行。

任何一个行业市场都存在强大的竞争，越是高处，竞争越激烈，倘若失利可能受创愈严重。华为成长于发展的每一个阶段，所面临的竞争风险和压力有所不同，每一阶段，华为努力的方向与目标也有所区别，但任正非给华为人的最高目标只有一个——活下去！

简简单单的三个字，细细品味开来却有着深刻的意蕴和风度。这里面有企业生存不可或缺的居安思危，有与时俱进下不断创新集成的前瞻意识，有稳中求进勇于试水的胆量和坚持，更有任何风浪都难以撼动的专注与笃定。

想要做好一个难以被撼动的品牌，它必须拥有其他产品不可同视的独一无二，这就要求企业不断研发和创新，这是一个以技术为导向的高精尖产业生存法则的关键，也是华为“活下去”的筹码。1987 年创立于深圳的华为，还只是一家生产用户交换机（PBX）的香港公司销售代理。2014 年 2 月 25 日在世界移动通信大会上，华为创新地推出全球最小的运营级路由器——原子路由器（Atom Router），同年 10 月 9 日全球百大品牌排行榜出炉，中国民营企业华为排名第 94 位，这是首次有中国企业登上这一榜单。华为代表的不仅仅是通信行业，也不仅仅是以技术为导向的产业，它代表的是中国，是进步！

2015年，华为全年实现销售收入3950亿元，同比增长37%，其中，华为用于技术研发方面的投入超过1000亿元（超过苹果公司用于研发的费用81亿美元），占了总销售额的1/4以上，同比增长145%。要知道，华为在2014年用于研发的费用(408亿元)"仅仅"是2015年（1000亿元）的40%，却也是全球同行业之最了。过去的10年里，华为用于研发创新的费用3000亿元，同行业中的联想10年研发成本仅仅44亿元，不及华为一年的研发成本。如此这般的努力，华为想不进步都难！

一个企业品牌的塑造，离不开领导者正确的决策，同样离不开耕耘在一线的员工及领导团队的偕同进步。在任正非的概念里，应该赋予每一个华为人"领导者"意识。所以，在2004年的时候，任正非便提出一个叫作"轮值COO"的模型。

COO即首席运营官，又称运营官、营运总监等，这是一个公司团体里负责监督管理每日活动的重要高阶官员一职。所谓"轮值COO"，就是指华为的7位常务副总裁轮流担任COO，每半年轮值一次。其实，当时进行决策机制改革的华为公司，本意是要任正非一人主持办公会的，但是他不愿意这样做，一方面是不想牵涉更多向远处和高处"张望"的精力，一方面他是真的比较重视人才的培养，其主要的工作内容是与几大"常务"沟通顺畅开展工作。所以任正非推出了这个“轮值COO”的模型，并在华为坚持了8年之久。

这样的决定，让任正非远离了常规的碎片化经营，甚至远离了日常的管理制度，使他成为一名真正的华为思想者，而不是遇到任何问题都会被抛出来问个究竟的“问题解决者”。除此之外，任正非在华为还推出了轮值CEO制度，从体制上制约了“山头文化”的坐大，为公司包容、积淀了很多五湖四海的杰出人才。这样的创新体制使整个华为的决策过程越来越科学化和民主化。

今天的华为，在任正非的领航之下稳中求进了30多年，而未来的华为还有很多个30年、100年……华为能够在竞争激烈的通信行业最终活下来并活得最美、最优雅，成为世界最大的通信设备提供商，这并不是偶然，而是情理之中、意料之内！

④

浴火重生，方为凤凰

任正非曾经说过，世界上一切资源都可能枯竭，只有一种资源可以生生不息，那就是文化。当然，一个企业的文化并不局限于一个或几个，往往都是针对不同的内容逐一“量体裁衣”的个性化设计。任正非发表在《IT 时代周刊》的一篇文章中，就体现了华为的 4 个企业文化：其一是华为的干部非终身制；其二是华为从不迁就任何人；其三是在华为的干部层面上进行绩效考核，采取末位淘汰的制度；其四是所被降级的“干部”不可患得患失，要有承受委屈、接受打击、勇于从零开始的心态。

在华为，是坚决不允许存在“夹心阶层”（最早出现在香港地区，指既不符合买经济适用房条件也无力购买商品房，置身于市场和政府保障之间空白地带的一种居民群体。后来衍生到企业中，泛指那些既没有实践经验，又不理解企业文化，还要把他们安置在较高职位上的人员）的，美国的“夹心阶层”在受到经济危机冲击的那段时间，几乎扰乱了所从事的任何一家企业的秩序和安定，其中最令任正非“深恶痛绝”的就是苹果公司的“夹心阶层”，苹果的惨痛教训直接让任正非意识到了这个阶层的巨大危害性。当然，任正非也不是冷血的“刽子手”，如果华为有这样的人存在，又没有威胁到任何个人与企业的利益，只是这类人群单方面的特征使然的话，作为华为的当家人，任正非不会直接开除，而是会为他们选择较为基层的工作岗位。这样，一方面，锻炼他们的心性，使他们学会如何与自己之外的人形成合作共事的习惯；另一方面，纠正他们的错误意识，摆正其思想与人生观，从而养成他们自然的个性，使之成长为符合华为标准的一般管理人员，那些达到绩效考核标准又足够努力的员工还会逐级晋升，直至在华为确立他们的终极地位。

管理学中涉及一个原理，叫作“木桶效应”，说的就是一个由不同长短、大小的木板拼接成的木桶，它所承载的水量不是看最高的木板，而是取决于最短的木板。华为是很卓越，并且可能会一直卓越下去，但并不代表着这个一直加速度前进的企业会永恒地加速度下去。华为的员工中也存在隐性的“木桶效应”，人与人的素质、学习与接受能力、自我成长与改进能力都存在很大的差异性。华为的员工截至 2015 年已经近 18 万了，庞大的数字很难统一步调去加速长跑。如果任正非说，基于此而看不到华为的未来前景，或许有些夸张，他可不是那种打没有把握仗的“领头羊”。但不可否认的是，华为不是超人，做不来全员的一致，所以就不能有丝毫的懈怠，上到决策者、领导层，下至一般管理人、基层员工都有一颗平常心，管理人员能上亦能下的“非终身制”就是华为的永恒制度之一，是华为优良传统的组成部分。

华为的另一个文化就是“从不惯着谁”，不管你是跟着老任一起“打天下”的元老，还是哪个管理层的亲属，亦或是曾经为华为做出过辉煌战绩的将领，只要退化为了“沉淀层”“落后层”，脱离了华为奋斗者的角色成为了不负责任的人，那么等待这类人的就是整饬，若再将恶劣坚持到底，结局就只剩下了开除“华籍”。在任正非看来，一个员工的能力可以不够强，只要肯努力、肯奋斗就可以培养和进步，但若缺失了品行与德行，就再没有可塑的价值。

有关干部的建设问题，华为通常都是在战斗中进行的，而不是静下心来慢慢讨论。的确，很多企业在人才选用的问题上比较倾向于“先做后升”。比如，先给一名基层员工一定量的中层领导的职责，当这名基层员工完全可以胜任的时候，又或者说恰好有这么一个岗位需要人才填补空缺的时候，那么这个“能者多劳”的基层员工就是最佳人选，并且足以胜任这份中层领导者的身份与职能。“干部队伍建设问题，应在战争中调整，不合适的就要下去，包括对所有的高级干部，我们都不会‘姑息养奸’，大树底下并不好乘凉。”任正非严肃地说。

任正非为什么要制定出干部的非终身制呢？华为的干部都是实打实奋斗上去的，有经常整改的必要吗？对此，任正非表示，公司整改队伍的目的就是让华为活得下去，想要活得更久远，就要将那些妨碍公司发展的人放到基层去，或者直接消灭掉。“我们的干部不是终身制，高级干部也要能上能下。在任期届满，干部要通过自己的述职报告，以及下一阶段的任职申请，接受组织与群众评议以及重新讨论薪酬。长江后浪推前浪，没有新陈代谢就没有生命。必要的淘汰是需要的，任期制就是一种温和的方式。”任正非在文章中这样说。

华为提倡能上能下，有作为的奋斗者就应该被放在高的位置上发挥更大的作用，而他的那份热忱能够感染更多的华为员工，周而复始的优势循环就是华为文化生生不息的根本。正确的干部淘汰制度是公司长治久安的有效保障。严格的流程责任制可以充分调动起中、基层员工的责任与担当。“论资排辈”在华为是行不通的，而即使在位的领导干部们也不是就此养尊处优了，华为严格的绩效考核制度与末位淘汰制让华为人除了奋斗和再奋斗外，没有可懈怠的精力和时间。让更奋斗、更忠诚、更能为企业带来绩效和正能量的人升得更高、跑得更快，授封的功勋章更多。

任正非制定的严格考核制度为华为的企业文化镀上了一层含

金量极高的保护层，竞争的世界没有谁会因为同情而放弃竞争，放弃厮杀，还是那句“烧不死的鸟就是凤凰”！只有华为的每一个人都能挺得住烈火的考验，那么华为才是真正的“凤凰”。

是金子总会发光，哪怕你的表层堆满了沙土；是太阳总会升起，哪怕现在还处在地平线上；是千里马总会遇见赏识自己的伯乐，哪怕你的马蹄还不够坚硬……只要挨得过烈火，终究会变成凤凰！

链接：任正非写给华为的《北国之春》

我曾数百次听过《北国之春》，每一次都热泪盈眶，都为其朴实无华的歌词所震撼。《北国之春》原作者的创作之意是歌颂创业者和奋斗者的，而不是当今青年人误认为其为一首情歌。在樱花盛开春光明媚的时节，我们踏上了日本的国土。此次东瀛之行，我们不是来感受异国春天的气息，欣赏漫山遍野的樱花，而是为了来学习度过冬天的经验。

北国之春总会来临

一踏上日本国土，我的第一印象还是与十年前一样宁静、祥和、清洁、富裕与舒适。从偏远的农村，到繁华的大城市，街道还是那样整洁，所到之处还是那样井然有序；人还是那样慈祥、和善、彬彬有礼，脚步还是那样匆匆；从拉面店的服务员，到乡村小旅馆的老太太，从大公司的上班族，到……所有人都这么平和、乐观和敬业，他们是如此地珍惜自己的工作，如此地珍惜为他人服务的机会，工作似乎是他们最高的享受，没有任何躁动、不满与怨气。在我看来，日本仍然是十年前的日本，日本人还是十年前的日本人。

但谁能想到，这十年间日本经受了战后最严寒和最漫长的“冬天”。正因为现在的所见所闻，是建立在这么长时间的低增长时期的基础上，这使我感受尤深。日本绝大多数企业，近8年没有增加过工资，但社会治安仍然比北欧还好，真是让人赞叹。日本一旦重新起飞，这样的基础一定会让它一飞冲天。华为若连续遭遇两个冬天，就不知道华为人是否还会平静，沉着应对，克服困难，期盼春天。

日本从20世纪90年代初起，连续十年低增长、零增长、负增长……这个“冬天”太长了。日本企业是如何挺过来的，他们遇到了什么困难，有些什么经验，能给我们什么启示？

这是我们赴日访问的目的所在。

华为经历了十年高速发展，能不能长期持续发展，会不会遭遇低增长，甚至是长时间的低增长；企业的结构与管理上存在什么问题；员工在和平时期快速晋升，能否经受得起“冬天”的严寒；快速发展中的现金流会不会中断，如在江河凝固时，有涓涓细流，不致使企业处于完全停滞……这些都是企业领导人应预先研究的。

华为总会有“冬天”，准备好棉衣，比不准备好。我们该如何应对华为的冬天？这是我们在日本时时思索和讨论的话题。

奋斗是一个民族崛起的动力源泉

在一个偏僻乡村的小居酒屋，巧遇一群旅游的日本退休老人，他们为我们热情地演唱了《拉网小调》，我们也情不自禁地与他们同唱北海道民歌《北国之春》。他们的乐观、热情、无忧无虑感染了我。相比之下，我感到中国老人有操不完的心，心事重重，活得很累。我们父辈们沉重的心情，至死也没有轻松过。

我曾数百次听过《北国之春》，每一次都热泪盈眶，都为其朴实无华的歌词所震撼。《北国之春》原作者的创作之意是歌颂创业者和奋斗者的，而不是当今青年人误认为其为一首情歌。

当一个青年背井离乡，远离亲人，去为事业奋斗，唯有妈妈无时无刻不在关怀他，以至不知城里季节已变换，在春天已经来临时，还给他邮来棉衣御严冬。而我再没有机会收到妈妈给我寄来的折耳根（鱼腥草）、山野菜、辣肠……了，这一切只能长存于永恒的记忆。儿行千里母担扰，天下父母都一样，担忧着儿女。我写的《我的父亲母亲》一文，也译成了日文、英文让员工传阅，他们误认为我是孝子。我是因为没有尽到照顾父母的责任，精神上才如此内疚与痛苦。我把全部精力献给了工作，忘了父母的安危，实际上是一个不称职的儿子。一个人离开家奋斗是为了获得美好的生活，爱情又是美好生活中最重要的部分，但爱情就像独木桥一样，人家过了，你就不能过。离家已经五年，在残雪消融、溪流淙淙的时候，面对自横的独木桥，真不知别人是否已经过去，心爱的姑娘可安在。那种惆怅，那种失落，那种迷茫，成功了又能怎么样?

棣棠丛丛，朝雾蒙蒙，静静的水车、小屋，与阵阵无忧无虑的儿歌声相伴的是父兄的沉默寡言。我们多数人能去读大学，都是父兄默默献出自己的结果。他们含辛茹苦地，一点一点地劳动积攒，来供应远在他乡孤立无助的游子，他们自身反而没有文化。他们用自己坚硬的脊梁，为我们搭起了人生和事业的第一个台阶。

但愿他们别太苦了自己了，愁时相对无言也沽两杯薄酒。我们千万不要忘记他们，千万不要嫌弃他们，千万不要忘记报答他们。由此我想到，我们每一个人的成功，都来自亲人的无私奉献，我们生活、工作和事业的原动力，首先来自妈妈御冬的寒衣，来自沉默寡言的父兄，故乡的水车、小屋、独木桥，还有曾经爱过你但已分别的姑娘……《北国之春》是日本人民奋斗的一个缩写。

我亲自领悟过日本人民的勤奋，没有他们这种精神，就很难用二三十年时间，从“二战”的废墟中崛起。日本民族善于精工，在产品经济时代大放过光芒，让全世界人民对日本人民刮目相看。我也领教了他们在困难时期战胜萧条的忍耐与乐观精神。

日本是一个岛国，国土面积狭小，而且大多数是高山，日本民族因而养成了善于把“长大厚重”的东西，做成“短小薄轻”，长期养成了精工的习惯。小小的花园，是那样的美轮美奂；小小的街道，是那样的整齐、精美，以至任何一个角落都让人舒适惬意。小小的功能强大的相机；曾经风驰电掣般席卷世界市场的家用电器；一个无煤炭、铁矿、石油……的国家，生产的优质汽车遍布全球。日本人民的勤劳与德国民族的执着，在机电产品产业时代，震撼了世界。他们无怨无悔、勤奋努力、不断奉献的精神，创建了日本的繁荣。

日本目前虽然遇到了困难，但其国民的忍耐、乐观、勤奋和奋斗的精神未变，信念未变，对生活和工作的热爱未变。天道酬勤，相信日本能够度过这寒冷的“冬天”。

日本企业遇到了什么困难

我们访问的是实业型公司，这样的公司相比其他类型的公司好一些。产品还在市场上有销售，现金流还能转得动。只是八年的经营成长曲线是一条平线，几乎没有增长，工资总额也几乎没有增长，甚至还略有下降。

日本企业面临的三种过剩，沉重地压在企业的头上，使之调整困难。这三种困难是雇佣过剩、设备过剩和债务过剩。这三种过剩的调整，涉及机构改革、结构及产业重组，向发展知识创新产业过渡，以及培养核心经营能力和向速度经营的转变。过去的日本企业体制，束缚了这种转变，使之困难重重。日本企业真正感到了，不是做什么事好，做什么事不好，关键在于有无核心竞争力。

如果，华为的增长速度大幅减慢，日本企业的三种过剩都会在华为出现。没有及早的认识和充分的思想准备，就会陷于被动。

随着日本企业长时间不吸收新员工，员工平均年龄逐步增大，人才结构由宝塔形转向纺锤形，优秀的人才少，新生力量少，年龄大的一般员工多，使企业缺少活力，而且工资成本较高。由于人才的流动减弱，职位相对凝固，使创新明显不足。

日本企业的内部改革滞后，国内企业竞争不激烈，企业内部员工也缺少必要的竞争。促使企业改革的内因、外因，并没有因为经济不景气突显。日本企业完全靠自身力量实行较大的改革，十分困难。如前所讲，日本是一个治安很好、生活很舒适、稳定的国家，尽管八年未涨工资，并不足以威胁消费，人们比较安于现状，日本人甚至都很少出去留学。这种安定，也不利于迫使企业痛下决心进行改革。

尽管他们已废除了年功序列制、终身雇佣制，加强了绩效考核，日本企业现在内部也开始进行改组，重新划分结构，从一个大公司什么都干，逐步收缩到几大领域，然后这几大领域财务独立，共同品牌，使核算目标清晰化等，但观念和文化的惯性使这种变革的努力见效不大。

日本企业也开始推行员工持股制度，激活和推动员工之间和企业之间的相互竞争。日本的法律原先是不允许员工持股的。但日本企业在根本的竞争力提升上并没有有力度的行动。治标不治本，深层次的问题依然存在，苦熬是熬不出头的。

因为日本一贯比较求稳，致使企业经营者年龄偏大，决策过程过于谨慎。许多重要决策必须一致通过，少数人通不过，要做工作，甚至有时做不通就拖着，这种决策的安全性拖累决策的及时性。过于民主的决策体系并不一定是好的。

日本的企业相比亚洲其他国家已经比较国际化，但他们总结他们的失败之因时，还是说他们不国际化。想想华为比松下、NEC 的国际化还差多少，有什么可以值得盲目自豪的。亚洲企业的国际化本来就难，我国在封闭几十年后，短短廿年的发展，还不足以支撑国际化。华为的国际化步伐更难，仅仅因为大量的外籍员工，读不懂中文的文档，大量的国内员工英文也没过关，就足以看到华为的国际化是多么的困难。如果不克服这些困难，华为也可能是昙花一现。

日本政府也决定在 2003 年之前，处理完不良债务，把 33 兆亿日元的债务从银行买过来。实行小政府，确立地方分权。进行税制改革，降低所得税，提高消费税。

实行教育改革，改变过去的平均教育法，采取因材施教的分类教育政策，开发人的潜能，提高年轻人的创造力。改革社会保障制度，引进美国的社会保障制度。加强IT建设，以信息化带动工业化。为企业的进一步改革打下基础。

华为怎么办?

有人将企业比作一条船，松下电工就把自己的企业比作是冰海里的一条船。在松下电工，我们看到无论是办公室，还是会议室，或是通道的墙上，随处都能看到一幅张贴画，画上是一条即将撞上冰山的巨轮，下面写着:“能挽救这条船的，唯有你。”其危机意识可见一斑。在华为公司，我们的冬天意识是否那么强烈?是否传递到基层?是否人人行动起来了。华为还未处在冬天的位置，在秋末冬初，能认真向别人学习，加快工作效率的整体提高，改良流程的合理性与有效性，裁并不必要的机构，精简富余的员工，加强员工的自我培训和素质提高。居安思危，也许冬天来临之前，我们已做好了棉袄。

华为成长在全球信息产业发展最快的时期，特别是中国从一个落后网改造成为世界级先进网，迅速发展的大潮流中，华为像一片树叶，有幸掉到了这个潮流的大船上，是躺在大船上随波逐流到今天，本身并没有经历惊涛骇浪、洪水泛滥、大堤崩溃等危机的考验。因此，华为的成功应该是机遇大于其素质与本领。

什么叫成功?就是像日本那些企业那样，经九死一生还能好好地活着，这才是真正的成功。华为没有成功，只是在成长。

华为经过的太平时间太长了，在和平时期升的官太多了，这也许会构成我们的灾难。泰坦尼克号也是在一片欢呼声中出的海。

我们有许多员工盲目地在自豪，他们就像井底之蛙一样，看到我们在局部产品上偶然领先西方公司，就认为我们公司已是世界水平了。他们并不知道世界著名公司的内涵，也不知道世界的发展走势，以及别人不愿公布的潜在成就。华为在这方面很年轻，幼稚，很不成熟。华为组织结构的不均衡，是低效率的运作结构。就像一个桶装水多少取决于最短的一块木板一样，不均衡的地方就是流程的瓶颈。例如：我公司初创时期饥寒交迫，等米下锅。初期十分重视研发、营销以快速适应市场的做法是正确的。活不下去，哪来的科学管理。但是，随着创业初期的过去，这种偏向并没有向科学合理转变，因为晋升到高层的干部多来自研发、营销的干部，他们在处理问题、价值评价时，有不自觉的习惯倾向，以使强的部门更强，弱的部门更弱，形成瓶颈。有时一些高层干部指责计划与预算不准确，成本核算与控制没有进入项目，会计账目的分产品、分层、分区域、分项目的核算做得不好，现金流还达不到先进水平……但如果我们的价值评价体系不能使公司的组织均衡的话，这些部门缺乏优秀干部，就更不能实现同步的进步。它不进步，你自己进步，整个报表会好？天知道。这种偏废不改变，华为的进步就是空话。

华为由于短暂的成功，员工暂时的待遇比较高，就滋生了许多明哲保身的干部。他们事事请示，僵化教条地执行领导的讲话，生怕丢了自己的乌纱帽，成为对事负责制的障碍。对人负责制与对事负责制是两种根本（不同）的制度，对人负责制是一种收敛的系统。对事负责制是依据流程及授权，以及有效的监控，使最明白人具有处理问题的权力，是一种扩张的管理体系。而现在华为的高中级干部都自觉不自觉地习惯于对人负责制，使流程化 IT 管理推行困难。

职业化、规范化、表格化、模板化的管理还十分欠缺。华为是一群从青纱帐里出来的土八路，还习惯于埋个地雷、端个炮楼的工作方法。还不习惯于职业化、表格化、模板化、规范化的管理。重复劳动、重叠的管理还十分多，这就是效率不高的根源。我看过香港秘书的工作，有条有序地一会儿就把事做完了，而我们还要摸摸索索，做完了还不知合格否，又开一个小会审查，你看看这就是高成本。要迅速实现 IT 管理，我们的干部素质，还必须极大地提高。

推行 IT 的障碍，主要来自公司内部，来自高中级干部因电子流管理导致权力丧失的失落。我们是否正确认识了公司的生死存亡必须来自管理体系的进步？这种进步就是快速、正确，端对端，点对点，去除了许多中间环节。面临大批的高中级干部随 IT（管理）的推行而下岗，我们是否做好了准备。为了保住帽子与权杖，是否可以不推行电子商务？这关键是，我们得说服我们的竞争对手也不要上，大家都手工劳动？我看是做不到的。沉舟侧畔千帆过，我们不前进必定死路一条。

华为存在的问题不知要多少日日夜夜才数得清楚，但只要我们不断地发现问题，不断地探索，不断地自我批判，不断地建设与改进，总会有出路的。就如松下电工昭示的救冰海沉船的唯有本企业员工一样，能救华为的，也只有华为自己的员工。从来就没有什么救世主，也没有神仙皇帝，要创造美好的明天，全靠我们自己。

冬天总会过去，春天一定来到。我们趁着冬天，养精蓄锐，加强内部的改造，我们和日本企业一道，度过这严冬。我们定会迎来残雪消融，溪流淙淙，华为的春天也一定会来临。创业难，守成难，知难不难。

高科技企业以往的成功，往往是失败之母，在这瞬息万变的信息社会，唯有惶者才能生存。

第五章

携手并肩，让有梦的华为人扬帆起航

为了创造出实打实的好产品，华为人始终带着一股“拼命三郎”的劲头儿，华为的一砖一瓦都是靠这样的拼劲儿创建起来的。

—— ❶ ——

集权下沉，让一线决策

很多个企业在经历过创业、发展、崛起、守业……各个阶段之后或者过程之中，都会不可避免地出现“中央集权”，即企业管理的集权制。通常情况下，这些企业的管理权都会集中在级别较高的管理层，实现高度统一的指挥，中层或基层都没有决策权。这样集权制的缺点在于过于专制而缺乏民主，优点则表现为公司资源得到较为科学的整合，提高了整体资源的有效利用。

从客观的角度分析，企业管理的集权制有它产生的必然性，也是企业发展过程中可能性很大的一个产物，它的产生与存在有着不容忽视的意义。但是，如果这种集权制管理不当，给企业带来的将是不可估量的损失。

现代企业的管理体制随着个性所需及经营进步，逐渐对管理上的“集权”进行了升华：公司董事会和经理层会按照企业的相关授权规则将一定的管理权逐级下放，分配给其他部门或企业个人，从而拉长企业整条产业链，凝聚链条上各个节点的利益相关者向同一目标递进，一定程度上为员工或其他组织的主人翁意识养成提供了良好的机会和环境因素。这种将一定的企业管理权“下沉”的方式更有利于现代企业的战略发展，特别是项目决策权与指挥权的“下沉”，对企业的实际发展未尝不是有利的。

表 5–1　企业管理集权制的优点与缺点

优点	缺点
（1）有利于企业领导人在生产经营活动中进行统一指挥、集中领导、果断决策；（2）有利于企业领导人对企业的整个组织及经营活动实行全面控制；（3）能有效地拟定和贯彻企业的经营战略；（4）可以充分利用企业的经营资源；（5）有利于提高企业的整体效益。集权制适当削弱了下级管理层的管理权限，	（1）企业高层管理人员工作负荷加重，有权就要多做事，他们难以腾出时间和精力来深入考虑企业发展的重大问题；（2）不利于调动下层人员的积极性、主动性，影响企业下层管理人员的培养，实践是达到真理的唯一途径，下层管理人员因管理权限的限制，其实践机会必然减少，得不到适当的锻炼和培育，减弱了企业的人力资源储备；（3）有可能导致企业重大的决策失误，当企业某个高层管理人员完全集所有重大决策权于一身时，就会因个人偏见、私利观念等因素给企业造成难以估量的损失，甚至毁灭一个企业。企业治理结构的经济成本主要有信息成本和委托代理成本。信息成本是指在集权制下，由于上级管理层不能够及时、完

续表

防止局部利益的盲目膨胀，避免下层管理人员因本部门的利益驱动而做出与整体利益相违背的决定，有利于实现企业价值最大化	全地掌握企业所处经营环境的信息，而下层虽能够准确地获取信息，又没有一定的决策权限，从而使企业无法做出有效合理的决策，产生信息不对称成本。委托代理成本是指在分权制下，企业各级管理层之间因产生委托代理关系而引发的成本。管理权限下放程度越大，这种成本也就越高

任正非在华为内部的讲话中，曾多次提到权力下沉的相关内容，在2014年一次四季度区域总裁会议上，任正非曾总结出华为未来胜利的三大保障，其中，每一保障的核心都诠释了“集权下沉”的宗旨。

任正非在讲话中表示：“华为公司未来的胜利保障，主要是三点要素：第一，要形成一个坚强、有力的领导集团，但这个核心集团要听得进批评；第二，要有严格、有序的制度和规则，这个制度与规则是进取的；第三，要拥有一个庞大的、勤劳勇敢的奋斗群体，这个群体的特征是善于学习的。”

“坚强有力的领导集团”“要听得进去批评”，任正非所要指明的就是区域与BG（华为有三大BG，即运营商BG：carriernetwork；消费者BG：consumer；企业BG：enterprise。每个BG下又分很多个BU，即businessunit，“经营单元”之意，华为的 BG 不是一个特定的部门，而是一个业务集团）之间的紧密联系。

任正非认为，项目的指挥权应该放在区域，只有在该区域奋斗的华为人才最清楚市场竞争环境，更了解消费者的诉求，对该地区的竞争者更为了解，所以区域的指挥权所做出的“指挥”才更有价值和意义。BG 与区域相比资源丰富，后方储备充足，对“战场”最有利的价值就是作为资源中心来支撑一线作战。片联（华为片联不是一个部门，而是一个组织，是由华为老资格、威望高、绝大多数做过地区部门总裁的人组成的，负责考察华为干部，提拔华为中、高层干部的。有干部提名权的，特别是破格提拔的华为干部基本都出自于片联推荐）的主要作用则是推动干部循环流动机制的形成，营造出作战氛围。

越是艰苦的战场越能涌现出最英勇的战士，越是正气飙升的队伍越是英雄辈出，任正非对英雄从来都是不问出处，无论是一线的员工还是中层的管理人员，亦或是高层的领导者。在华为向国际市场布轨的时期，很多成熟的国内区域领导都不愿放弃当下可观的收入和各类福利条件，所以也就没有铿锵有力的将士打入世界战场。任正非对这样的局面有所预料，但华为可不是一个养尊处优的地方，为了激发更奋斗的华为人冲往一线战场，任正非开出了远比北京、上海等国内一线城市领导待遇都丰厚的条件给予那些勇敢冲向国际市场的华为人，让战士拿着将士的待遇，让更奋斗的华为人获得更多的回报，这就是任正非“高薪养贤”的明智之举。同时，既肯定了奋斗在一线的员工，也给予了他们一定的薪酬和晋升空间，还对在位谋政的中、高层领导干部带来一定的触动，激励所有人去奋斗、去努力。

任正非对人才的培养与干部的管理有着一套科学严谨的方针政策，并且铁面无私地一视同仁。所以，当很多企业面对危机、面对困境开始手足无措的时候，任正非的“华为军团”突显出它的卓越与强大。

表 5-2　2007—2012 部分国家 GDP 增长率（%）

年份 国家	2007	2008	2009	2010	2011	2012
美国	1.79	–0.29	–2.80	2.51	1.85	2.78
日本	2.19	–1.04	–5.53	4.65	–0.57	1.96
英国	3.43	–0.77	–5.17	1.66	1.12	0.25
德国	3.27	1.08	–5.15	4.01	3.33	0.69
法国	2.29	–0.08	–3.15	1.72	2.03	0.01
中国	14.16	9.63	9.21	10.45	9.30	7.65

没有人会忘记 2008 年那场罕见的全球性经济危机，中国的经济结构与世界强国相比规模较小，所以总体数量上的危机就显得不那么严重，但打进国际市场的中国企业，都受到了较严重的

冲击。从表 5-2 可以看出，中国的 GDP 增长率在几个主要发达国家中是唯一没有过负增长的一个发展中国家。是什么样的经济逆转了中国的危机？是哪些企业的智囊为挽救中国经济做出了自己的贡献？

据悉，2008 年 8 月，中国电信约 300 亿元的 CDMA 大单所带来的通信设备领域的新市场，一时间缓解了众多企业设备商对经济危机的恐慌，这也预示了新一轮的招标大战的开始。当时，阿尔卡特朗讯、北电和中兴通讯的报价都还算“市场价”，差不多都在 70 亿 ~140 亿元，华为以最廉价的黑马姿态瞬间刷爆了设备商的“朋友圈”，不到 7 亿元的报价，华为是要破产的节奏吗？

整个通信设备领域对华为的“裸奔”出场大为震惊，没有人把华为视为正儿八经的竞争对手，大家都认为，任正非这次纯属搅局。对于大家的质疑，任正非并没有做过多的解释，他相信“清者自清，浊者自浊”。以任正非的逻辑，华为精耕细作了 20 年，外人可能看不到它的真正底细，但作为华为的当家人，自然是对自己“孩子”的“本事”了如指掌的。正值全球经济危机，华为是到了该回报国民些什么的时候了。

2009 年的新年刚过，任正非就对全体华为人发出倡议：让听到炮声的人呼唤炮火！让一线直接决策！只有对企业的经营管理倾注全部思想的人，直面市场和消费环境能够精准把握底牌出击必胜的人，正直、公允、不忘初心并且对每一个滋生官僚癌细胞都深恶痛绝的人，才能迸发出这股永不泯灭的力量。

—— 2 ——

高度尊重与共享

华为一直重视对善于奋斗的员工的培养，任正非坚信：人力资本的科学投入定能为企业带来财务资本的超值回报。这种不同于其他企业家传统价值观的战略思维，造就了华为内外兼修的卓越。有评论说，华为的成功是“知识分子军团与军人能量结合的必然结果”。确实，这么多场战役中，华为总能够傲然地站在唯一的领奖台上接受鲜花与掌声，这并非偶然，与华为一直奋斗在主航道上的知识型员工为主体的知识分子军团打下来的江山，一半以上的功劳理所当然属于任正非，尽管这位华为掌门人一直强调自己“什么也不是”。

华为一直走在研发的道路上，这是华为永远不会放弃的命脉，所以，做研发的华为人就成了任正非心中的“宝贝”。在华为的十七八万大军中，90% 左右都是知识型员工，全球“华为人”中45% 以上为研发技术人才。掌握核心技术的人才大多追求自主性，且个人成就感超强，在公司的团队建设中也会突显出他们张扬的个性、多样化的需求以及无与伦比的高智商，所以人力资源管理上，知识型员工算是最难管理的一类群体了。

那么，以知识型员工为主要群体的华为又是如何对这些“异类”加以管束的呢？任正非这个掌门人又是使用了什么样的智慧杜绝了这些“高智商”“另起炉灶”的呢？能够将众多个性张扬又自我的员工团结在一起向同一目标努力的领袖有着什么样的魅力，“蛊惑”这群远比掌门人还聪明的“秀才”？

答案就是高度尊重与共享！

华为的人力资源管理堪称经管类重要的学术性可复制案例，华为自上而下对知识资本及其价值的高度重视，理性地实现了企业与知识型员工共同营造利好环境的合作成果。想当初，任正非创建华为伊始，都是和一群知识分子摸爬滚打过来的。那个时候，任正非穷得一塌糊涂，可以说，穷得只剩下知识和智慧了。世间万物都存在“物以类聚，人以群分”的特殊属性，那个时候，任正非身边的朋友也都是些知识分子，与文者同伍，与描绘美好未来相结合的还得是任正非的高尚人品与领袖魅力。

任正非与创业时那些知识分子的“联盟”，现在看来，对任何一方而言都是最完美的选择。懂得尊重他人的人才能够获得他人对自己的尊重，任正非就是这样一位令华为员工无比爱戴和尊敬的领袖。尊重自是双方相互的一种真实情感，任正非在华为创建之初，就达成了与知识分子共创、共享的机制，个性鲜明的知识分子们也都心甘情愿抱团一起打天下。

所谓的对企业知识资本及其创造出价值的高度重视，主要体现在两方面：将人才放在优先发展的位置上和重视知识产权的价值。说到对知识产权价值的尊重程度，不能不提到《华为基本法》，它是中国企业中诞生的最早一本有关人力资本优先发展战略和知识产权战略的印刷版。《华为基本法》提出了企业价值创造的主导因素为企业家和知识创新者，且人力资本的增长优于财务资本的增长。该理念一经提出，广大读者对于任正非“不惯着员工却只‘惯着’知识分子”的谋略终于有了豁然开朗的理解，这个理念也为华为积累了绝对的人才优势。如果中国知识型人才发生了“集体失踪”，那就极有可能聚在华为公司。

华为作为中国企业中最早大量聘请知识分子任职的企业，与任正非本人对知识的渴望、对人才的求贤若渴分不开。早在华为初建之时，任正非就成了华中理工大学、清华大学等高等学府的常客，任正非登门拜访的目的是邀请老师和学生们移步到华为参观、考察，为华为寻求与高校技术合作的机会，更主要的是，任正非希望借此机会大量招揽人才。

1989 年至 1995 年，改革开放后最早的那一批名牌大学的硕士、博士，如今都成了华为公司的高管团队成员，也正是这些技术人才奠定了华为今天的成绩和坚实的人才与技术基础。

企业家都有一个相同的体验，那就是创业容易但守业难！人才对企业来说是最核心的竞争力，但引进了人才之后，能否留得住人才，能否让人才跟得上企业的发展节奏以及国家大环境的迭代，同样是企业战略发展中不可缺少的一项技能。这就要求企业在引进人才之后，迅速为人才提供广阔的价值创造空间，让自我成就感很强的知识型人才得到属于自己的那份小骄傲，为其描绘理想与现实的蓝图，甚至可以成为未来企业的股东、合伙人等，凡是能够与企业同进退、与企业家共分享的回报都是能够吸引并留住人才、激励人才不断创新和进步的源泉。信任就是企业、企业家、核心人才三者之间最大的授权。

20 世纪 90 年代初期，华为作为最早一批实施企业员工内部持股计划的民营企业，最有效和直接地将企业持股对象的未来财富回报做出了科学的预期，让那些留在华为的高素质人才没有理由去跳槽或另立门户，让他们觉得只有在华为才能赚更多的钱，才能获得人生价值的极限展示。

任正非愿意将手里的钱和权全部拿出来分给华为员工，不是说他多么超凡脱俗，多么不在意钱财，毕竟任正非是一名企业家，他是要为国家定期纳税的，他的慷慨实际上来自于他对未来的前瞻预知。任正非知道华为没有资本、没有背景，最大的或者说唯一的“财富”就是拥有一批智囊团。想要与世界强国的强企竞争，就一定要有一颗取舍之心，只有华为成为所有员工的华为，大家才能抱团做事业，共同打天下。财聚人散、财散人聚的道理任正非还是知道的，但不是所有的企业老板都有这样的高度认识，所以，别人倒下了，华为还在领跑。

企业股权激励计划的实施并不是一成不变的“法宝”，企业发展的不同时期所采取的激励政策也要有所调整，以适应企业的战略发展。技术领域的人才本就是流动量很大的一个体系，越是人才越能“招蜂引蝶”，哪个企业都愿意聘请经验和实力丰富的人才，哪怕支付高额报酬也在所不惜。华为的技术人才有一部分随着企业的发展逐渐与大部队“走散了”，他们人虽然离开了华为，但他们对华为的“持股”依然还在，这就造成了一个恶性循环——人不在华为效力，却能每年拿到不菲的分红，这对于没有持股的华为奋斗者来说，不会起到什么积极的作用。

所以，1997 年任正非对华为人的持股计划做了进一步的修订：推出员工持股分红机制。即员工离开了华为之后，所持有的公司股权要全部交还给公司，公司再将收回来的股权奖励给其他的华为人。2001 年之后，华为正式推出了股票期权计划，这项激励计划的实质就是将公司真实的股权以虚拟股权的“名义”分给激励对象，从而形成了企业持续奋斗机制的人才循环体——持续为华为奋斗和创造价值的员工将持续分享来自企业的利润与价值。

把企业的人才训练成为能够持久奋斗的榜样力量，很重要的一个因素就是企业的科学持续动力源，每一个企业员工都是公司的引擎，每一位员工都是主人翁。正式实施股票期权计划之后，随着企业的发展与期权计划的实施，华为近些年开始推出“新计划”，即获取分享制。该制度规定了华为股东们只能获得公司每年利润 25% 的红利，剩下的 75% 将会以奖金的形式分发给当年为公司创造出更高价值的奋斗者。

粗略地估算一下，华为 89% 的员工拥有华为 98% 的分红权，而任正非个人仅持有公司分红权的 1.24%。大家都是华为的老板，谁又会偷懒不干活呢？这就是华为人总是比别的企业员工更加拼命的主要原因。

3

“三高”激励华为人奋斗不止

如此拼命的华为人，任正非自然不会亏待，要不然怎么在外界一直流传“华为的员工最能赚钱也最赚钱”呢?

华为员工的拼命是大家有目共睹的，能够让员工这样拼命，华为的人力资源机制一定有着不为人知的秘诀，让在华为的人甘愿留下奉献一生；让门外的人踮脚张望，只想有机会挤进来，成为这个最赚钱机器中的一个零部件；让与华为同道竞争的企业以及模仿和复制华为成功的企业，对解密最赚钱的钥匙也是望眼欲穿、垂涎三尺。

其实，华为人力资源机制的本质就是以奋斗者为本的“三高”机制，此“三高”就是华为员工在工作中玩命地奋斗，在市场竞争中玩命地打拼的动力。“三高”机制下的华为与员工如同船与水手：上了华为这条“船”，掌舵者的战略布局到哪里，“水手”就要游到哪里；哪里有客户和资源需求，“水手”的脚步就要遍布哪里。没错，不息的开拓就是华为人的乐趣，以四海为家的知识型华为军团冲锋不止、奋斗不息！

那么，何为“三高”？

“三高”就是以奋斗者为本的文化价值导向，是在高压力、高绩效、高回报机制驱动下，知识型员工奋斗的动力源泉与持续的信念，其结果必然是为华为带来不菲的高绩效，创造出企业卓越成长的奇迹。

“高压力”的存在可是有科学界定的，这个压力以知识型员工向着奋斗目标不懈努力前行为目的，所以要有一定的刺激，能激励华为大军的战斗力。在华为，这样的“高压力”就是危机文化。

“华为的冬天”从某种意义上说就是任正非内心斗争的真实流露，也是他一定要灌输给华为人的一种经营理念。取得成绩的时候不要骄傲，没能实现绩效的时候也不要气馁，因为危机无时无刻不在我们身边。“高压力”之下，华为人始终理性地感知着外部市场竞争的激烈，始终在为“过冬”尽可能丰富地做着储备工作，为了能够活得更久远一些而始终奋斗着。

华为人 90% 以上都是知识分子，在这个由大量知识构建起来的团队和组织中，人才与人才之间的竞争就不可避免地形成了一股强大的对流，形成了另一种“高压”。

1996 年，任正非巧妙地借助市场部集体辞职这个契机，在华为的文化中再次插入一把利刃——绩效考核中引入末位淘汰机制。所有的基层人员都有晋升的空间，所有的干部也都存在“有上亦有下”的可能，干部实行“非终身制”。换句话说就是，每一名员工都是华为这台“机器”上不可或缺的一枚螺丝钉，但没有了任何人这台机器的齿轮照样可以运转。所以，就有了“干部能上能下，工作能左能右，人员能进能出，待遇能升能降”这“四能机制”的衍生。

这样，来自于外部竞争的压力与内部对流的压力一起作用在华为人身上，每个华为人就只剩下用奋斗来“自保”了。

任正非认为，华为的高层要有使命感，待获得了应得的财富和自由之后，能够激励他们的主动力就不再是金钱，而是更高层次的自我追求与使命，要让其个人价值或成就得以实现和被尊重。对于中层领导，必须施加给他们一定的“高压”和危机感，这个世界有竞争就会有灭亡，华为的长盛不衰在一定意义上取决于员工释放出的能量是否足以形成企业的保护层，所以留在华为奋斗的永远都应该是这个竞争市场上最优秀的人才。中层的竞争淘汰机制让他们即使在“吃饱了”之后也不敢有所懈怠，否则，饿狼般虎视眈眈的后来者就会“谋权篡位”。对于基层，任正非给予的是饥饿感，正如小米的雷军最擅长使用的“饥饿营销”一样，华为的基层“吃不饱”，财富积累还没有到达下线，这样才能激励他们不断持续奋斗和玩命地为企业创造价值。这个过程中，所带来的有企业财富的增值，有基层员工的自我成长与蜕变，有良好积极的企业文化溯源，更有着可以抵御“外敌入侵”的夯实基础。

在华为，无论是高层、中层还是基层，每一个职位都有无数只饿狼的眼睛时刻盯着，在位者但凡有一丁点儿的懈怠和不努力，这个身份就有可能是别人的了。高压力之下的华为人只剩下拼命向前冲了。每一个华为知识型人才，都是摆脱了“媚上奴才”的血性十足的战士，这样玩命工作的人才大军，必然获得企业的高绩效回报。

所谓的“高绩效”就是华为文化本质中的“蓝血”，即蓝血绩效文化，华为强调业绩导向与执行，一切让绩效说话，没有绩效就没有发言权，更不会得到任何资源与机会。在每一年华为的年度总结暨下一年计划会议上，华为人都要为自己提出一个绝对充满挑战性的绩效目标。在华为的绩效管理与实施过程中，有两个与众不同的元素：战略绩效解码体系 BEM 和个人绩效承诺体系 PBC。战略绩效解码体系 BEM 实际上就是业务战略执行力的一个模型，通过对战略逐层逻辑解码，导出可衡量和管理战略的 KPI 以及可执行的重点工作和改进项目，并采用系统有效的运营管理方法，确保战略目标达成；PBC 个人业务绩效承诺体系则是员工围绕“力争取胜、快速执行、团队精神”的价值观制定各自的“个人业务承诺”。

在战略绩效解码体系与个人业务绩效承诺体系的双重作用下，华为的员工都会竭尽全力去完成自己的绩效目标，因为这关系到个人的奖金、薪酬以及职业生涯，所以老板不需要去监督和敦促，有了绩效，员工就是自己给自己打工，能者多劳让奋斗者得到更多回报！

华为一直给予那些始终奔跑、坚持与华为共同奋斗的员工足够可观的回报，回报之高甚至令同行业的其他企业员工大为羡慕，恨不得自己也能成为华为的人。华为对员工的“高回报”自然是有价值的，既不空谈艰苦奋斗，也不会让雷锋单方面付出，员工获得的回报高不高完全取决于创造的绩效高不高。华为的“三高”严格地将懒散和懒惰杜绝在华为和华为员工之外，俨然要将它的使命——“让华为的人最赚钱”进行到底。

4

最好的回报叫作“苦”

“想多赚钱，就得多干活，为客户提供有价值的服务！多劳多得是华为文化的本质，这也是朴实、普适的道理。”谈及华为的非洲之行，任正非对员工们的艰苦奋斗不是没有感动，他的感动都体现在丰硕的回报上了，这份回报还有股涩涩的“苦”。任正非坦言：华为给员工的好处就是“苦”，没有其他。“苦”后有什么？有成就感、自己有收入改善、看着公司前进方向有信心……这就是新的东西，这就是吸引员工的地方。华为奋斗在非洲的各级骨干大多是“80后”“90后”，他们是有希望的一代。

任正非的“苦”更多来自他曾经的军旅生涯，军队组织运行的机制与文化给任正非这个知识分子注入了铁的灵魂与狼的血性。严格意义上说，华为的文化就是“狼”的文化。2001年，任正非在其发表的《华为的冬天》一文中，将狼性文化定义为“偏执的危机感、拼命精神、平等、直言不讳、压强原则”，自此，华为的狼性文化正式公布于众。

很多人说，华为的文化是狼性文化，华为实际上就是一支由狼王带领着一大群狼驰骋沙场的狼团，狼王任正非通过他敏锐的嗅觉捕捉到，这个竞争市场唯一的核心就是消费者，只有为消费者提供满足他们所需的产品、提供最优质贴心的服务的“狼”才有“肉”吃。所以，华为一直兢兢业业做着合格的“乙方”，永远服务大众消费者。这份对消费者的尊重在华为还是个狼崽的时候就已经成为一种文化，如今，华为成了一支狼团，这种文化更加牢固和坚实。

狼性的嗅觉就是在有肉的时候，大家都能闻得到，统一战线向前冲，不用临时沟通，无须紧急安排，每一次的本能使然，就是最好的默契。狼王在此之中，需要判断正确的方向，带领狼团向一个共同的目标前进，经过狼团中每一位成员的努力，获得最终的胜利。

2014 年的时候，任正非曾发表言论，阐述了他作为狼王是如何发现并解决有关华为方向的问题的。任正非说：“我们公司前段时间挺骄傲的，大家以为我们是处在行业领先位置。但是他们用了半年时间做了战略沙盘，才发现我们在世界市场上的重大机会点占了不到 10%，弟兄们的优越感没有了，知道如何努力了，这就是假设——假设未来的方向。”

每一次的选择都需要做出一定的牺牲，选择了 A，就等同于彻底与BCD无缘，但不代表BCD就是错的。选择题不同于判断题，只有相对的适合与不适合，而没有绝对的T或绝对的F。每一次选择都是为了让企业向着更优前进一大步，那样距离总目标的成功就更近了一小步，整个公司的核心竞争力就又发挥了一次巨大的作用。

自古以来，狼狈的组合总是如影随形般出现在市场竞争中，任正非作为“狼王”，他不仅要对狼团的生存不断做出科学战略的部署，还要将狈的短视与先天不足充分暴露出来，然后再加以严格的“剁手”处理，这就是华为的“狼狈机制”——前方为狼，后方为狈；前方需要捕捉和把握住机会，当机会比较多的时候还要有精准的筛选能力，后方要做好有力的保障、支持和服务。

能够坚持进步毫不犹豫的“狼王”有着铁血一般的刚韧不屈，这使得华为的文化气息又多了一份军人的灵魂与血性，并且会一直继续下去，就像任正非的坚持做好一件事的信念永不变一样。“狼王”不仅自己对军队有情愫，同时也将这种情愫感染给了华为的每一名员工。

2015年9月，任正非签发了由总裁办向全体员工电邮的“转阅金一南将军的文章《美军还能打仗吗》”。次月，任正非邀请到著名军事专家金一南将军走进华为坂田基地，为华为员工进行了《关于队伍的灵魂与血性》的讲座。11月29日，“狼王”亲自为金一南将军的文章《胜利的刀锋，论军人的灵魂与血性》撰写“编者按”：军人的责任就是胜利，牺牲只是一种精神。华为的员工不只是拥有奋斗精神，更要把这种奉献，落实到脚踏实地的学习与技能提升上，在实际工作中体现出效率和效益来。2015 年 12 月 4 日，任正非为华为轮值 CEO 郭平所发表的文章《记住插在硫黄岛上的那面旗帜》撰写了“编者按”:“一切为了作战，一切为了服务业务，一切为了胜利”，也许会成为一个时代的口号，这个口号在华为要使用 10 年。2016 年 1 月，任正非在华为市场部大会上发言，满满流露出对军队的别样情结。任正非在讲话中直言:“当前 4K/2K/4G 和企业政府对云服务的需求，使网络及数据中心出现了战略机会，这是我们的重大机会窗，我们要敢于在这个战略机会窗开启的时期，聚集力量，密集投资，饱和攻击。扑上去，撕开它，纵深发展，横向扩张。”

“决胜取决于坚如磐石的信念，信念来自专注；华为唯一的武器是团结，唯一的战术是开放。”这是 2016 年 1 月召开的市场大会的大标题，也是任正非坚持狼性文化与军事化管理结合的战略战术。狼的本性中包含着卧薪尝胆的自知之明和顺水行舟的同进同退特质，狼不会在自己还很弱小的时候去攻击比自己强大的对手，狼也知道该如何用最小的代价换取最大的回报。军人的责任就是胜利，任何牺牲与付出都是为了获取最终胜利的伟大精神。在华为，这种“狼与军人”的结合不只是要员工拥有奋斗的精神，更要将这种精神落实到实际的工作、学习与技能进步上，为工作结果做出满意的效益。

动物之中最苦也最不怕吃苦的是狼，人类的职业生涯中最苦最富有奉献精神的一类人是人民解放军，中国企业中最苦最赚钱的就是华为人，因为任正非培养的正是一群军事化管理成长起来的狼。任正非最推崇的是美军的组织变革，他认为美军是世界上最好的“公司”，最有效率的“组织”，他对华为的高管提出的要求就是要去研究美国军队的变革。中国人民解放军国防大学教授、空军少将乔良将军曾写过一本名叫《超限战》的书，书中有一个故事叫作“班长的战争”。

传统的军事作战单位及其编制如表 5–3 所示，“班长的战争”所介绍的是美国军队作战单位开始从师向旅转变，但作战能力却是成倍递增，并且，这种变革还在继续，未来的方向将是旅直接管辖营，中间的团级消失，排和班等级也将消失，而原来的班长或将成为少将、少校，一个班即具备了整个作战的配置与能力，小班作战远比大部队作战更有效。这就是“班长的战争”以及它所带来的变革意义——让组织更轻、更灵活，才更适应未来社会的发展，这也是华为未来组织改革的奋斗目标。

表 5–3　军事作战单位及其编制一览表（以步兵为例）

单位	编制情况
师	团的上级单位，属于相对独立的作战单位，辖 2~3 个团约 10000 人

续表

单位	编制情况
旅	团的上级单位，属于相对独立的作战单位，一般辖 1~2 个团 4000~5000 人
团	2~3 个步兵营，除了火力营（包含对地、对空火力）外还有特务连、卫生队、运输部队、通信部队等连级单位、政治处、维修单位等，兵力 2000 多人
营	2~3 个步兵连 + 火力连，火力连除了大口径迫炮排外通常开始配属防空火力，营级开始配属卫生队、警卫班、侦查排，兵力 600 人左右
连	由 2–3 个步兵排 + 火力排组成，火力排一般由机枪班、迫炮班组成，通常配有反坦克火力，连级开始配直属部，除连指（连长、副连、指导员、司务长）外还有炊事班，人数在 170 人左右
排	由 2~3 个步兵班 + 火力班组成，火力班一般根据需要配属重机、迫炮（可能配属反坦克火力），人数在 40 人左右
班	通常由 2~3 个战斗组 + 班指（班长、1~2 名通信兵）和班火力（机枪、榴弹）组成，通常人数 10 人左右

“我们讲‘班长的战争’，强调授权以后，精化前方作战组织，缩小后方机构，加强战略机动部队的建设。划小作战单位，不是指分工很细，而是通过配备先进武器和提供重型火力支持，使小团队的作战实力大大增强。当然，授权不是一两天能完成的。目前，管理上的问题没有落地，所以 3~5 年内把 LTC、账实相符、‘五个一’作为重点，一定要实现端到端贯通。5 年以后，坚定不移地逐步实现让前方来呼唤炮火，多余的机构要关掉，这样机关才

不会那么官僚化。”任正非对华为的军事化变革与管理可能让这个近 20 万人构成的狼团的当下与未来越来越苦，但华为的作战方式理应向着综合性去发展和变革。每一个华为人都要先学会战争，再学会管理。苦，是一辈子都不会丢掉的一项修炼。

链接:《华为基本法》

第一章　公司的宗旨

核心价值观

（追求）

第一条　华为的追求是在电子信息领域实现顾客的梦想，并依靠点点滴滴、锲而不舍的艰苦追求，使我们成为世界级领先企业。

为了使华为成为世界一流的设备供应商，我们将永不进入信息服务业。通过无依赖的市场压力传递，使内部机制永远处于激活状态。

（员工）

第二条　认真负责和管理有效的员工是华为最大的财富。尊重知识、尊重个性、集体奋斗和不迁就有功的员工，是我们事业可持续成长的内在要求。

（技术）

第三条　广泛吸收世界电子信息领域的最新研究成果，虚心向国内外优秀企业学习，在独立自主的基础上，开放合作地发展领先的核心技术体系，用我们卓越的产品自立于世界通信列强之林。

（精神）

第四条　爱祖国、爱人民、爱事业和爱生活是我们凝聚力的源泉。责任意识、创新精神、敬业精神与团结合作精神是我们企业文化的精髓。实事求是是我们行为的准则。

（利益）

第五条　华为主张在顾客、员工与合作者之间结成利益共同体。努力探索按生产要素分配的内部动力机制。我们决不让雷锋吃亏，奉献者定当得到合理的回报。

（文化）

第六条　资源是会枯竭的，唯有文化才会生生不息。一切工业产品都是人类智慧创造的。华为没有可以依存的自然资源，唯有在人的头脑中挖掘出大油田、大森林、大煤矿……精神是可以转化成物质的，物质文明有利于巩固精神文明。我们坚持以精神文明促进物质文明的方针。

这里的文化，不仅仅包含知识、技术、管理、情操……也包含了一切促进生产力发展的无形因素。

（社会责任）

第七条　华为以产业报国和科教兴国为己任，以公司的发展为所在社区做出贡献。为伟大祖国的繁荣昌盛，为中华民族的振兴，为自己和家人的幸福而不懈努力。

基本目标

（质量）

第八条　我们的目标是以优异的产品、可靠的质量、优越的终生效能费用比和有效的服务，满足顾客日益增长的需要。

质量是我们的自尊心。

（人力资本）

第九条　我们强调人力资本不断增值的目标优先于财务资本增值的目标。

（核心技术）

第十条　我们的目标是发展拥有自主知识产权的世界领先的电子和信息技术支撑体系。

（利润）

第十一条　我们将按照我们的事业可持续成长的要求，设立每个时期的合理的利润率和利润目标，而不单纯追求利润的最大化。

公司的成长

（成长领域）

第十二条　我们进入新的成长领域，应当有利于提升公司的核心技术水平，有利于发挥公司资源的综合优势，有利于带动公司的整体扩张。顺应技术发展的大趋势，顺应市场变化的大趋势，顺应社会发展的大趋势，就能使我们避免大的风险。

只有当我们看准了时机和有了新的构想，确信能够在该领域中对顾客做出与众不同的贡献时，才进入市场广阔的相关新领域。

（成长的牵引）

第十三条　机会、人才、技术和产品是公司成长的主要牵引力。这四种力量之间存在着相互作用。机会牵引人才，人才牵引技术，技术牵引产品，产品牵引更多更大的机会。加大这四种力量的牵引力度，促进它们之间的良性循环，就会加快公司的成长。

（成长速度）

第十四条　我们追求在一定利润率水平上的成长的最大化。我们必须达到和保持高于行业平均的增长速度和行业中主要竞争对手的增长速度，以增强公司的活力，吸引最优秀的人才和实现公司各种经营资源的最佳配置。在电子信息产业中，要么成为领先者，要么被淘汰，没有第三条路可走。

（成长管理）

第十五条　我们不单纯追求规模上的扩展，而是要使自己变得更优秀。因此，高层领导必须警惕长期高速增长有可能给公司组织造成的脆弱和隐藏的缺点，必须对成长进行有效的管理。在促进公司迅速成为一个大规模企业的同时，必须以更大的管理努力，促使公司更加灵活和更为有效。始终保持造势与做实的协调发展。

价值的分配

（价值创造）

第十六条　我们认为，劳动、知识、企业家和资本创造了公司的全部价值。

（知识资本化）

第十七条　我们是用转化为资本这种形式，使劳动、知识以及企业家的管理和风险的累积贡献得到体现和报偿；利用股权的安排，形成公司的中坚力量和保持对公司的有效控制，使公司可持续成长。知识资本化与适应技术和社会变化的有活力的产权制度，是我们不断探索的方向。

我们实行员工持股制度。一方面，普惠认同华为的模范员工，结成公司与员工的利益与命运共同体。另一方面，将不断地使最有责任心与才能的人进入公司的中坚层。

（价值分配形式）

第十八条　华为可分配的价值，主要为组织权力和经济利益；其分配形式是：机会、职权、工资、奖金、安全退休金、医疗保障、股权、红利，以及其他人事待遇。我们实行按劳分配与按资分配相结合的分配方式。

（价值分配原则）

第十九条　效率优先，兼顾公平，可持续发展，是我们价值分配的基本原则。

按劳分配的依据是：能力、责任、贡献和工作态度。按劳分配要充分拉开差距，分配曲线要保持连续和不出现拐点。股权分配的依据是：可持续性贡献、突出才能、品德和所承担的风险。股权分配要向核心层和中坚层倾斜，股权结构要保持动态合理性。按劳分配与按资分配的比例要适当，分配数量和分配比例的增减应以公司的可持续发展为原则。

（价值分配的合理性）

第二十条　我们遵循价值规律，坚持实事求是，在公司内部引入外部市场压力和公平竞争机制，建立公正客观的价值评价体系并不断改进，以使价值分配制度基本合理。衡量价值分配合理性的最终标准，是公司的竞争力和成就，以及全体员工的士气和对公司的归属意识。

第二章　基本经营政策

经营重心

（经营方向）

第二十一条　我们中短期经营方向集中在通信产品的技术与质量上，重点突破、系统领先，摆脱在低层次市场上角逐的被动局面，同时发展相关信息产品。公司优先选择资源共享的项目，产品或事业领域多元化紧紧围绕资源共享展开，不进行其他有诱惑力的项目，避免分散有限的力量及资金。

我们过去的成功说明，只有大市场才能孵化大企业。选择大市场仍然是我们今后产业选择的基本原则。但是，成功并不总是一位引导我们走向未来的可靠向导。我们要严格控制进入新的领域。

对规划外的小项目，我们鼓励员工的内部创业活动，并将拨出一定的资源，支持员工把出色的创意转化为顾客需要的产品。

（经营模式）

第二十二条　我们的经营模式是，抓住机遇，靠研究开发的高投入获得产品技术和性能价格比的领先优势，通过大规模的席卷式的市场营销，在最短的时间里形成正反馈的良性循环，充分获取“机会窗”的超额利润。不断优化成熟产品，驾驭市场上的价格竞争，扩大和巩固在战略市场上的主导地位。我们将按照这一经营模式的要求建立我们的组织结构和人才队伍，不断提高公司的整体运作能力。

在设计中构建技术、质量、成本和服务优势，是我们竞争力的基础。日本产品的低成本、德国产品的稳定性、美国产品的先进性是我们赶超的基准。

（资源配置）

第二十三条 我们坚持“压强原则”，在成功关键因素和选定的战略生长点上，以超过主要竞争对手的强度配置资源，要么不做，要做，就极大地集中人力、物力和财力，实现重点突破。

在资源的分配上，应努力消除资源合理配置与有效利用的障碍。我们认识到对人、财、物这三种关键资源的分配，首先是对优秀人才的分配。我们的方针是使最优秀的人拥有充分的职权和必要的资源去实现分派给他们的任务。

（战略联盟）

第二十四条 我们重视广泛的对等合作和建立战略伙伴关系，积极探索在互利基础上的多种外部合作形式。

（服务网络）

第二十五条　华为向顾客提供产品的终生服务承诺。

我们要建立完善的服务网络，向顾客提供专业化和标准化的服务。顾客的利益所在，就是我们生存与发展的最根本的利益所在。

我们要以服务来定队伍建设的宗旨，以顾客满意度作为衡量一切工作的准绳。

研究与开发

（研究开发政策）

第二十六条　顾客价值观的演变趋势引导着我们的产品方向。

我们的产品开发遵循在自主开发的基础上广泛开放合作的原则。在选择研究开发项目时，敢于打破常规，走别人没有走过的路。我们要善于利用有节制的混沌状态，寻求对未知领域研究的突破；要完善竞争性的理性选择程序，确保开发过程的成功。

我们保证按销售额的10%拨付研发经费，有必要且可能时还将加大拨付的比例。

（研究开发系统）

第二十七条　我们要建立互相平行、符合大公司战略的三大研究系统，即产品发展战略规划研究系统、产品研究开发系统，以及产品中间试验系统。随着公司的发展，我们还会在国内外具有人才和资源优势的地区，建立分支研究机构。

在相关的基础技术领域中，不断地按“窄频带、高振幅”的要求，培养一批基础技术尖子。在产品开发方面，培养一批跨领域的系统集成带头人。把基础技术研究作为研究开发人员循环流程的一个环节。

没有基础技术研究的深度，就没有系统集成的高水准；没有市场和系统集成的牵引，基础技术研究就会偏离正确的方向。

（中间试验）

第二十八条　我们十分重视新产品、新器件和新工艺的品质论证及测试方法研究。要建立一个装备精良、测试手段先进、由众多“宽频带、高振幅”的优秀工程专家组成的产品中间试验中心。为了使我们中间试验的人才和装备水平居世界领先地位，我们在全世界只建立一个这样的大型中心。要经过集中的严格筛选过滤新产品和新器件，通过不断的品质论证提高产品的可靠性，持续不断地进行容差设计试验和改进工艺降低产品成本，加快技术开发成果的商品化进程。

市场营销

（市场地位）

第二十九条　华为的市场定位是业界最佳设备供应商。

市场地位是市场营销的核心目标。我们不满足于总体销售额的增长，我们必须清楚公司的每一种主导产品的市场份额是多大，应该达到多大。特别是新产品、新兴市场的市场份额和销售份额更为重要。品牌、营销网络、服务和市场份额是支撑市场地位的关键要素。

（市场拓展）

第三十条　战略市场的争夺和具有巨大潜力的市场的开发，是市场营销的重点。我们既要抓住新兴产品市场的快速渗透和扩展，也要奋力推进成熟产品在传统市场与新兴市场上的扩张，形成绝对优势的市场地位。

作为网络设备供应商，市场战略的要点是获取竞争优势，控制市场主导权的关键。市场拓展是公司的一种整体运作，我们要通过影响每个员工的切身利益传递市场压力，不断提高公司整体响应能力。

（营销网络）

第三十一条　营销系统的构架是按对象建立销售系统，按产品建立行销系统，形成矩阵覆盖的营销网络。

（营销队伍建设）

第三十二条　我们重视培育一支高素质的、具有团队精神的销售工程师与营销管理者队伍，重视发现和培养战略营销管理人才和国际营销人才。

我们要以长远目标来建设营销队伍，以共同的事业、责任、荣誉来激励和驱动。

（资源共享）

第三十三条　市场变化的随机性、市场布局的分散性和公司产品的多样性，要求前方营销队伍必须得到及时强大的综合支援，要求我们必须能够迅速调度和组织大量资源抢夺市场先机和形成局部优势。因此营销部门必须采取灵活的运作方式，通过事先策划与现场求助，实现资源的动态最优配置与共享。

生产方式

（生产战略）

第三十四条　我们的生产战略是在超大规模销售的基础上建立敏捷生产体系。因地制宜地采用世界上先进的制造技术和管理方法，坚持永无止境的改进，不断提高质量，降低成本，缩短交货期和增强制造柔性，使公司的制造水平和生产管理水平达到世界级大公司的基准。

（生产布局）

第三十五条　顺应公司事业领域多元化和经营地域国际化的趋势，我们将按照规模经济原则、比较成本原则和贴近顾客原则，集中制造关键基础部件和分散组装最终产品，在全国和世界范围内合理规划生产布局，优化供应链。

理财与投资

（筹资战略）

第三十六条　我们努力使筹资方式多样化，继续稳健地推行负债经营。开辟资金来源，控制资金成本，加快资金周转，逐步形成支撑公司长期发展需求的筹资合作关系，确保公司战略规划的实现。

（投资战略）

第三十七条 我们中短期的投资战略仍坚持产品投资为主，以期最大限度地集中资源，迅速增强公司的技术实力、市场地位和管理能力。我们在制定重大投资决策时，不一定追逐今天的高利润项目，同时要关注有巨大潜力的新兴市场和新产品的成长机会。我们不从事任何分散公司资源和高层管理精力的非相关多元化经营。

（资本经营）

第三十八条 我们在产品领域经营成功的基础上探索资本经营，利用产权机制更大规模地调动资源。实践表明，实现这种转变取决于我们的技术实力、营销实力、管理实力和时机。外延的扩张依赖于内涵的做实，机会的捕捉取决于事先的准备。资本知识化是加速资本经营良性循环的关键。我们在进行资本扩充时，重点要选择那些有技术、有市场，以及与我们有互补性的战略伙伴，其次才是金融资本。

资本经营和外部扩张，应当有利于潜力的增长，有利于效益的增长，有利于公司组织和文化的统一性。公司的上市应当有利于巩固我们已经形成的价值分配制度的基础。

第三章　基本组织政策

基本原则

（组织建立的方针）

第三十九条　华为组织的建立和健全，必须：

（1）有利于强化责任，确保公司目标和战略的实现。

（2）有利于简化流程，快速响应顾客的需求和市场的变化。

（3）有利于提高协作的效率，降低管理成本。

（4）有利于信息的交流，促进创新和优秀人才的脱颖而出。

（5）有利于培养未来的领袖人才，使公司可持续成长。

（组织结构的建立原则）

第四十条　华为将始终是一个整体。这要求我们在任何涉及华为标识的合作形式中保持控制权。

战略决定结构是我们建立公司组织的基本原则。具有战略意义的关键业务和新事业生长点，应当在组织上有一个明确的负责单位，这些部门是公司组织的基本构成要素。

组织结构的演变不应当是一种自发的过程，其发展具有阶段性。组织结构在一定时期内的相对稳定，是稳定政策、稳定干部队伍和提高管理水平的条件，是提高效率和效果的保证。

（职务的设立原则）

第四十一条　管理职务设立的依据是对职能和业务流程的合理分工，并以实现组织目标所必须从事的一项经常性工作为基础。职务的范围应设计得足够大，以强化责任、减少协调和提高任职的挑战性与成就感。

设立职务的权限应集中。对设立职务的目的、工作范围、隶属关系、职责和职权，以及任职资格应做出明确规定。

（管理者的职责）

第四十二条　管理者的基本职责是依据公司的宗旨主动和负责地开展工作，使公司富有前途，工作富有成效，员工富有成就。管理者履行这三项基本职责的程度，决定了他的权威与合法性被下属接受的程度。

（组织的扩张）

第四十三条　组织的成长和经营的多元化必然要求向外扩张。组织的扩张要抓住机遇，而我们能否抓住机遇和组织能够扩张到什么程度，取决于公司的干部队伍素质和管理控制能力。当依靠组织的扩张不能有效地提高组织的效率和效果时，公司将放缓对外扩张的步伐，转而致力于组织管理能力的提高。

组织结构

（基本组织结构）

第四十四条　公司的基本组织结构将是一种二维结构：按战略性事业划分的事业部和按地区划分的地区公司。事业部在公司规定的经营范围内承担开发、生产、销售和用户服务的职责；地区公司在公司规定的区域市场内有效利用公司的资源开展经营。事业部和地区公司均为利润中心，承担实际利润责任。

（主体结构）

第四十五条　职能专业化原则是建立管理部门的基本原则。对于以提高效率和加强控制为主要目标的业务活动领域，一般也应按此原则划分部门。

公司的管理资源、研究资源、中试资源、认证资源、生产管理资源、市场资源、财政资源、人力资源和信息资源……是公司的公共资源。为了提高公共资源的效率，必须进行审计。按职能专业化原则组织相应的部门，形成公司组织结构的主体。

（事业部）

第四十六条　对象专业化原则是建立新事业部门的基本原则。

事业部的划分原则可以是以下两种原则之一，即产品领域原则和工艺过程原则。按产品领域原则建立的事业部是扩张型事业部，按工艺过程原则建立的事业部是服务型事业部。

扩张型事业部是利润中心，实行集中政策，分权经营。应在控制有效的原则下，使之具备开展独立经营所需的必要职能，既充分授权，又加强监督。

对于具有相对独立性的市场，经营已达到一定规模，相对独立运作更有利于扩张和强化最终成果责任的产品或业务领域，应及时选择更有利于它发展的组织形式。

（地区公司）

第四十七条　地区公司是按地区划分的、全资或由总公司控股的、具有法人资格的子公司。地区公司在规定的区域市场和事业领域内，充分运用公司分派的资源和尽量调动公司的公共资源寻求发展，对利润承担全部责任。在地区公司负责的区域市场中，总公司及各事业部不与之进行相同事业的竞争。各事业部如有拓展业务的需要，可采取会同或支持地区公司的方式进行。

（矩阵结构的演进）

第四十八条　当按职能专业化原则划分的部门与按对象专业化原则划分的部门交叉运作时，就在组织上形成了矩阵结构。

公司组织的矩阵结构，是一个不断适应战略和环境变化，从原有的平衡到不平衡，再到新的平衡的动态演进过程。不打破原有的平衡，就不能抓住机会，快速发展；不建立新的平衡，就会给公司组织运作造成长期的不确定性，削弱责任建立的基础。

为了在矩阵结构下维护统一指挥原则和责权对等原则，减少组织上的不确定性和提高组织的效率，我们必须在以下几方面加强管理的力度：

（1）建立有效的高层管理组织。

（2）实行充分授权，加强监督。

（3）加强计划的统一性和权威性。

（4）完善考核体系。

（5）培育团队精神。

（求助网络）

第四十九条　我们要在公司的纵向等级结构中适当地引入横向和逆向的网络动作方式，以激活整个组织，最大限度地利用和共享资源。我们既要确保正向直线职能系统制定和实施决策的政令畅通，又要对逆向和横向的求助系统做出及时灵活的响应，使最贴近顾客、最先觉察到变化和机会的高度负责的基层主管和员工，能够及时得到组织的支援，为组织目标做出与众不同的贡献。

（组织的层次）

第五十条　我们的基本方针是减少组织的层次，以提高组织的灵活性。减少组织层次一方面要减少部门的层次，另一方面要减少职位的层次。

高层管理组织

（高层管理组织）

第五十一条　高层管理组织的基本结构为三部分：公司执行

委员会、高层管理委员会与公司职能部门。

公司的高层管理委员会有：战略规划委员会、人力资源委员会、财经管理委员会。

（高层管理职责）

第五十二条　公司执行委员会负责确定公司未来的使命、战略与目标，对公司重大问题进行决策，确保公司可持续成长。

高层管理委员会是由资深人员组成的咨询机构。负责拟制战略规划和基本政策，审议预算和重大投资项目，以及审核规划、基本政策和预算的执行结果。审议结果由总裁办公会议批准执行。

公司职能部门代表公司总裁对公司公共资源进行管理，对各事业部、子公司、业务部门进行指导和监控。公司职能部门应归口设立，以尽量避免多头领导现象。

高层管理任务应以项目形式予以落实。高层管理项目完成后，形成具体工作和制度，并入某职能部门的职责。

（决策制度）

第五十三条　我们遵循民主决策、权威管理的原则。

高层重大决策需经高层管理委员会充分讨论。决策的依据是公司的宗旨、目标和基本政策；决策的原则是从贤不从众。真理往往掌握在少数人手里，要造成一种环境，让不同意见存在和发表。一经形成决议，就要实行权威管理。

高层委员会集体决策以及部门首长负责制下的办公会议制

度，是实行高层民主决策的重要措施。我们的方针是，放开高层民主，使智慧充分发挥；强化基层执行，使责任落到实处。各部门首长隶属于各个专业委员会，这些委员会议事而不管事，对形成的决议有监督权，以防止一长制中的片面性。各部门首长的日常管理决策，应遵循部门首长办公会确定的原则，对决策后果承担个人责任。各级首长办公会的讨论结果，以会议纪要的方式向上级呈报。报告上必须有三分之二以上的正式成员签名，报告中要特别注明讨论过程中的不同意见。公司总裁有最后的决策权，在行使这项权力时，要充分听取意见。

（高层管理者行为准则）

第五十四条　高层管理者应当做到：

（1）保持强烈的进取精神和忧患意识。对公司的未来和重大经营决策承担个人风险。

（2）坚持公司利益高于部门利益和个人利益。

（3）倾听不同意见，团结一切可以团结的人。

（4）加强政治品格的训练与道德品质的修养，廉洁自律。

（5）不断学习。

第四章　基本人力资源政策

人力资源管理准则

（基本目的）

第五十五条　华为的可持续成长，从根本上靠的是组织建设和文化建设。因此，人力资源管理的基本目的，是建立一支宏大的高素质、高境界和高度团结的队伍，以及创造一种自我激励、自我约束和促进优秀人才脱颖而出的机制，为公司的快速成长和高效运作提供保障。

（基本准则）

第五十六条　华为全体员工无论职位高低，在人格上都是平等的。人力资源管理的基本准则是公正、公平和公开。

（公正）

第五十七条　共同的价值观是我们对员工做出公平评价的准则；对每个员工提出明确的挑战性目标与任务，是我们对员工的绩效改进做出公正评价的依据；员工在完成本职工作中表现出的能力和潜力，是比学历更重要的评价能力的公正标准。

（公平）

第五十八条　华为奉行效率优先、兼顾公平的原则。我们鼓励每个员工在真诚合作与责任承诺基础上展开竞争，并为员工的发展提供公平的机会与条件。每个员工应依靠自身的努力与才干，争取公司提供的机会；依靠工作和自学提高自身的素质与能力；依靠创造性地完成和改进本职工作满足自己的成就愿望。我们从根本上否定评价与价值分配上的短视、攀比与平均主义。

（公开）

第五十九条　我们认为遵循公开原则是保障人力资源管理的公正和公平的必要条件。公司重要政策与制度的制定，均要充分征求意见与协商。抑侥幸，明褒贬，提高制度执行上的透明度。我们从根本上否定无政府、无组织、无纪律的个人主义行为。

（人力资源管理体制）

第六十条　我们不搞终身雇佣制，但这不等于不能终身在华为工作。我们主张自由雇佣制，但不脱离中国的实际。

（内部劳动力市场）

第六十一条　我们通过建立内部劳动力市场，在人力资源管理中引入竞争和选择机制。通过内部劳动力市场和外部劳动力市场的置换，促进优秀人才的脱颖而出，实现人力资源的合理配置和激活沉淀层。并使人适合于职务，使职务适合于人。

（人力资源管理责任者）

第六十二条　人力资源管理不只是人力资源管理部门的工作，而且是全体管理者的职责。各部门管理者有责任记录、指导、支持、激励与合理评价下属人员的工作，负有帮助下属人员成长的责任。下属人员才干的发挥与对优秀人才的举荐，是决定管理者的升迁与人事待遇的重要因素。

员工的义务和权利

（员工的义务）

第六十三条　我们鼓励员工对公司目标与本职工作的主人翁意识与行为。

每个员工主要通过干好本职工作为公司目标做贡献。员工应努力扩大职务视野，深入领会公司目标对自己的要求，养成为他人做贡献的思维方式，提高协作水平与技巧。另外，员工应遵守职责间的制约关系，避免越俎代庖，有节制地暴露因职责不清所掩盖的管理漏洞与问题。

员工有义务实事求是地越级报告被掩盖的管理中的弊端与错误。允许员工在紧急情况下便宜行事，为公司把握机会，躲避风险，以及减轻灾情做贡献。但是，在这种情况下，越级报告者或便宜行事者，必须对自己的行为及其后果承担责任。

员工必须保守公司的秘密。

（员工的权利）

第六十四条　每个员工都拥有以下基本权利，即咨询权、建议权、申诉权与保留意见权。

员工在确保工作或业务顺利开展的前提下，有权利向上司提出咨询，上司有责任做出合理的解释与说明。

员工对改善经营与管理工作具有合理化建议权。

员工有权对认为不公正的处理，向直接上司的上司提出申诉。申诉必须实事求是，以书面形式提出，不得影响本职工作或干扰组织的正常运作。各级主管对下属员工的申诉，都必须尽早予以明确。

第六章

狼行天下，从本地经营到走向国际舞台

狼也，狠狠地盯住一个目标，锲而不舍、用心专一、不达目的，则不罢休。华为在努力走出国界的过程中，最透彻的一种感受：一边要与实力雄厚的东道主国家企业抢夺市场份额，一边要不断向东道主国家缴纳各种专利费用，一边还要忍受一些强国的不公平对待。即使这样，任正非也从未想过停止和放弃。

❶

“三流人才”与“一流人才”

狼在占领一个领域并拥有这个领域绝对的领土权之后，为了获得更多的食物，仍然会向着新领域推进。哪里有肉香，哪里就有狼爪的踏足，这是它的本能；哪里有战场，哪里就有狼的驰骋，战斗是狼的本性，亦是它生存的使命。

华为人是一群始终奋斗在一线的狼群，哪里有市场哪里就有华为人的视角，哪里有竞争哪里就有华为人的奋斗，哪里有消费者哪里就有华为人精致的服务。当初华为在中国能够力压众雄，将国际巨头在中国及中国消费者心目中的主角地位推翻，将中国的科技抬上了国际的舞台，接下来，就该是华为在国际舞台上独领风骚了。

在其他国家的市场上瓜分蛋糕，考验的可不单单是勇气和技术，在东道主的地盘上既能以最快的速度适应环境，还能不缺失自我原本的个性，同时与东道主国家的企业乃至其他跨国公司的竞争具备绝对的优势，这样的适应能力又被称为本地化经营，是所有跨国公司都不断努力想要做到且拥有的核心竞争力，而华为，就是本地化经营跨国公司的典范——不仅在东道主的国家从事生产和经营活动，还以迅雷不及掩耳之势适应了东道主国家的经济、文化、政治等环境，适当地淡化本国市场的一些竞争色彩却不失母国本色，特别在资金、产品零部件等资源的来源、技术研发和人才的选用诸多方面，都积极实施当地化策略，使华为走到哪一个国家，都如同本土品牌一样受到东道主国消费市场的欢迎，也使得华为的国际化之路走得更加顺利。

让我们把时光轴拉回至1999年，任正非与华为新入职员工一次调侃式的对话：

新员工："我是刚毕业的，我感觉很多优秀的人才都出国了，你怎么看待这件事？"

任正非："华为公司都是三流人才，我是四流人才。一流人才出国，二流人才进政府机关、跨国企业，三流、四流的人才进华为。只要三流人才团结合作，就会胜过一流人才，不是说三个臭皮匠顶一个诸葛亮吗？"

任何时候，努力的人终会超过所有的优越者，成为高高在上备受尊重的成就者，一切机遇都会偏爱有准备的奋斗者。2008年，华为以42.7%逆势之趋直击全球通信设备前三甲，甚至超越了欧美多年以来等知名品牌企业，包括北电、诺基亚、阿尔卡特朗讯、摩托罗拉等在内的世界级品牌在这场金融危机中纷纷陷入到严重亏损甚至濒临破产的境遇。然而华为却逆流而上，在“三流人才”与“一流人才”的战争中颠覆乾坤创造奇迹，2013 年成功超越国际通信设备供应巨头企业爱立信，成为全球含金量最高的最大通信设备提供商。任正非用真实的业绩向全世界证明了，人才的优势与科研的坚持所带来的就是令世界惊诧的战果。

是的，迈向国际其他东道主国家的脚步，东道主国家“籍”的人才踏得最坚实。任正非从来不会吝啬将华为的精华与外籍的华为员工分享，充分利用和培养东道主国家的人才就等同于掌握了这个国度最核心的竞争力，30 多年的商海实战，“谁是优秀人才”评判标准早就在任正非和华为一整套科学的人力资源管理模式中清晰可见——人才要国际化，坚决杜绝一切英雄主义。

华为的人力资源历史长河流转过程中，曾一度以“三流人才”自居，但这样的“三流人才”俨然已经超越了“一流人才”所能创造出来的成果——华为已成为了华南地区培养人才的摇篮，甚至完全有理由成为中国企业的“黄埔军校”。作为华为深圳总部的“邻居”们，腾讯、迈瑞医疗、深圳宇通等一大批在深圳大地上繁衍生息的新生代民营企业都幸运地从华为培养出的优秀人才中受惠，特别是研发和营销的团队中，从华为走出来的精英高达 30%。腾讯的一位高管曾开诚布公地说过，倘若没有华为，深圳就很难造就出今天的腾讯，这里所指的，除了华为的技术就是华为培养出来的人才梯队。

人才不分国界，千里马驰骋得再远，只要有伯乐的赏识与感召就不会是断线的“风筝”。除了培养和吸纳本国精英的加入，华为还擅长从母体之外引入国际上的新鲜血液。2009年7月14日，华为西欧副总裁的交椅迎来了一位新主人——前北电高管、负责北电EMEA（欧洲、中东和非洲地区）业务的总裁蒂姆·霍金斯（Tim Watkins）。其主要负责华为在西欧地区的销售与市场。从华为公布的消息和整理出的信息显示，霍金斯是那个时候第二位被任正非“拿下”的外籍高管，前一位是华为北美区CTO查理·马丁（Charlie Martin），马丁原为北电的WiMAX网络和系统产品线的主管。

金融危机是一场很难规避得了的劫难，华为在走出国界、吸纳外籍高管的时候就已经不可避免地成为金融危机中一颗含苞的花蕾，在这样的大背景下，华为会成为“人才抄底”大军中的一员吗？在融入全球化浪潮的节拍中，华为又是怎样一路高歌的呢？

“由于受到金融危机的影响，许多国际知名企业或机构都在裁员，市场上出现了大量人才，这对于想吸纳人才的企业和机构来说，是个非常好的机会，华为也不例外。”华为的一位高管在面对众多媒体关于是否会在金融危机当下“抄底”人才的追问中如此坦荡地回答，当时华为的海外员工本地化率高达57%。金融危机在很大程度上是一大浩劫，但某种意义上也是一种赋予了强大挑战的机遇。

对于外界的盘根问题，华为逢问必答，逢疑必解，这就是任正非的策略，华为开放又克制。华为应用于人才上的开放是伴随着母体踏上国际舞台开始的选择。随着华为在国际市场的迅速发展和市场拓宽，人力资源方面也开始不断加大对其他国家本地员工的聘用力度。

可见，在华为的战略发展中，毫不隐晦地定期审视业务环境和人力资源市场环境，随着环境的变化而制定和刷新人才规划目标和方案，尤其是人力资源的获取策略及方案设计方面，将以有效的资源投入和人力资本增值方式支撑业务目标的达成，华为“欢迎能够帮助公司加快国际化进程的各领域人才加盟”。

华为吸纳人才的领域包括国际金融人才、熟悉全球法律运作的法律人才、具备国际知识产权运作经验的人才、具备领先通信技术领域经验的人才等“具备在跨国大型企业的工作经验，最好具有全球化工作经验”的人才。

作为华为的掌门人，任正非在华为操盘国际这条路上还是非常谨慎的，在海外人才的引进计划上亦是谨小慎微。任正非为华为铺设的每一条轨道都是没有回头路，且容不得一丝的失误，所以，人才引进开放的同时也要有所克制和谨慎。

差不多从 10 多年前的国际电信行业重组的浪潮开始，华为就将人才猎取的视角投向了世界，包括北电、摩托罗拉等曾经的世界级巨人企业，都是任正非选择高管级人才的摇篮。除了蒂姆·霍金斯和查理·马丁来自北电之外，英国电信集团的前技术官 Mick Reeve 这个行业的“核心硬件”也被任正非收入囊中。虽然认可并诚心高薪聘请海外本地高管加入华为的管理当中，但任正非的一贯思路还是“不走极端”。纵使华为海外员工的本地化比例越来越高，但华为经营管理团队 EMT 的组成上依然是由任正非本人及华为的“旧部”来担任。

“引进多少个海外高管不应该成为一项公司政策和目标，把本地化高管的比率设为一项指标是僵化地理解国际化。合适的就拉进来，没必要作为政策来推。更不能为了所谓的‘抄底人才’，把自己的人都替换了。”华为的一位对外发言人如是说，“这符合任总的一贯思路，就是不走极端，管理要讲均衡。”

同样是走在国际化道路上的同行伙伴，华为算是一个特例，与联想、TCL 不同的是，华为在跨国的同时并没有“跨文化”，更没有所谓的“英雄主义”情结，如果一定要说华为信仰些什么，那就是靠着团队作战、群体作战而前进。华为能够在多轮强烈的竞争中胜出，很大意义上得益于一直以来所坚持的行走于“去英雄主义”道路。任正非在 1996 年的时候就给华为定下了严格的“去英雄主义”思想，一个人再英雄也抵不过一群英雄团结起来的力量，而且，此时的任正非已经开始为华为着手准备全面引进世界级管理体系，华为的管理思想萌芽正是从那个时期开始茁壮成长起来的。

1996 年至 1998 年的三年时间里，任正非邀请到人民大学管理学院的 6 位教授为华为撰写了《华为基本法》，从 1 稿到 8 稿，数字在成倍递进的同时，华为的管理哲学也在一步一个脚印地坚实走下去，这本中国改革开放以来的第一部企业管理大纲，是华为文化、价值观、未来战略的一次系统性梳理和思考，也是中国企业管理平台上一份合格的答卷。自此之后，任正非便正式开启了国际级的管理体系在华为的运用。

2001 年，华为在 11 月份的内刊《华为人》上面刊登了“人大六君子”（为华为起草《华为基本法》的 6 位人大教授）之一杨杜的一篇文章，文章中引用了华为掌门人任正非对公司国际化、职业化、成熟化所做出的三个论断：只有破除了狭隘的民族自尊心才是国际化；只有破除了狭隘的华为自豪感才是职业化；只有破除了狭隘的品牌意识才是成熟化。

如果说，最初的华为是由狼王带领的一个狼团，那么如今走在国际化道路上的华为就是一支有着极高凝聚力又善战的国际军团。

❷

华为七载，国际化起航

可以说，任正非在世界各国的猎奇人才、招募高管，一定意义上为华为的全球配置积累了强大的资源库，华为国际化的道路奔跑得是否快速，很大程度上依赖于资源配置的全球化。

机缘两个字离不开机会和缘分两因素的强强联合，机会并非人人都平等，缘分也不是时常出现，但有一点值得肯定，缘分是某种必然存在的相遇的机会和可能。有缘即能相遇，有准备就能很好地把握，任正非在华为“七年之痒”的时候做出一个重大的决定——开启华为全球化战略。

1994 年是华为诞生的第 7 个年头，那一年的 1 月 11 日，国务院做出《关于进一步深化对外贸易体制改革的决定》，提出我国对外贸易体制改革的目标是：统一政策、开放经营、平等竞争、自负盈亏、工贸结合、推行代理制，建立适应国际经济通行规则的运行机制……这本是促进中国改革开放的一项贸易体制改革，但对于任正非而言，却有着另一个更为远大的理想，华为的全球化之路是否可以借助中国改革开放的东风一路高歌。这一年，华为自主研发的数字交换机进入市场并取得了较好的成绩，占据了一定的市场地位，与此同时，任正非预见了未来的行业市场一定会经历一场声势浩大的竞争，没有谁能肯定在这样的战争中有着绝对必胜的把握，任正非定义的华为是要坚持做好一件事，并不意味着要沿着一条路走到底。中国的改革开放势在必行，华为的全球化战略理应提到日程上来，这是华为的未来一定要有所经历的选择。依然是这个令人刻骨铭心的 1994 年，华为首次参展在北京举办的国际通信展，并于两年后正式提出了全球化的战略及其布局。

如果将华为的全球化之路划分为三段的话，那么第一段可谓是屡战屡败，屡败再屡战！一个中国的本土企业想要在自己的国度上击败其他国家的品牌或许可以实现，但若在东道主国家打败其国家的企业和品牌可就难上加难了，但是任正非并没有放弃，开弓没有回头箭，国内的市场已经进入惨烈的竞争，此时打道回府无疑是自寻死路，任正非可不是那种轻易放弃的人，行军打仗要的就是一鼓作气。在任正非的坚持下，华为的国际化进程中开始有了零的突破，从一无所有进入到参与国际招标，也许此时的华为依然一无所有，但却有着让全世界认识自我的机会，有机会就要把握得住，无论什么时候，机会在手就是成功的第一步。

然后，华为的这条国际之路便顺理成章地进入到第二阶段，即取得突破性进展的阶段。任正非所言的突破和进展就是哪里人多就把“子弹”往哪里打！因为人多的国家，打电话的需求就会更多，对华为来说就是值得拓宽的市场，然后就是华为人走进这个国度，再在这个国度中聘用一些本地化的员工，使华为的生存又多了一份保障。

几经努力与拼搏，在 2000 年到 2001 年间，华为的国际化道路进入第三阶段，开始拓展强大的欧美市场。欧美市场是每一个跨国企业都想分割一口美味蛋糕的地方，同时又是很多企业涉足后不久便濒临消亡的战场。华为进军欧美之路主要分为两条战线：一条是华为全球布网后在欧美之外的国家逐渐“收网”，另一条就是大力拓展欧美市场。

21 世纪初，通信设备的关税相比较其他行业而言算是低的，这样的背景所带来的就是最激烈的国内、国际竞争。华为以一匹“成本领先优势”的黑马姿态杀入国际市场注定了其要经历一场难以预知的拼杀。果不其然，国际电信的几大巨头本就研发成本巨大，这回面对着华为这匹黑马的“成本领先优势”，瞬间失了方寸。不过很快，电信巨头们发现了新转机——与华为达成战略合作，当然，这样的合作对华为、对国际电信巨头而言是个互利互惠的双赢选择。

于是，华为开始在全球多个国家设立研究所，且专注于核心技术的研发，只不过这一次将地点分散在全球各个“人多且需求大”的国度。通过在不同国家设立研发所，任正非开始为华为的人力资源管理设定了一个“本地化”的竞聘条件。很多国际先进的人才带着他们的隐性优势纷纷加入到华为军团中来，更为华为远在中国深圳的总部公司产品开发提供了巨大的技术支持与服务保障。任正非开始了全球布网的同步开发进程。而对于那些并不算发达但却有很大需求和市场的国家，任正非依托的是华为自主品牌建设，在不算发达的国家里，华为占据优势，有足够的资源配置供自己塑形象、创品牌、赢口碑、抢市场；在世界头号的几大发达国家中，华为更好的出路便是与巨头们强强联合，先分羹，再布局，之后再“见机行事”。

华为全球化的第一站就是深圳的“邻居”香港，接着是中国的“邻居”俄罗斯，之后便是整个拉美市场。电信领域的“农村”就是任正非认为的电信发展相对比较薄弱的国家，从这些国家入手相对容易，初战的胜利对军团整个战役过程的鼓舞作用巨大，任正非此策略的“步步为营”、层层包围，领导着华为艰难但却胜利地取得了最终的胜利。从东南亚到中东地区，从非洲到欧美发达市场，任正非携华为的这次“国际旅游”收获颇多，但适合不同战场的武器和子弹也是不尽相同的。

比如深圳的“近邻”香港，华为所使用的“武器”是以窄带交换机为核心产品的“商业网”产品；在泰国、新加坡、马来西亚等东南亚市场，在中东、非洲等区域市场，华为主打的产品为移动智能网；在德国、法国、西班牙、英国等发达国家，任正非更注重的是与当地巨头企业和代理商合作，其中，华为的10GSDH光网络产品就是从德国开始的。

华为的全球化战略一直比较成功地进行着，这其中的功劳离不开任正非最初的“本地化”理念以及全球资源的有效配置，只不过，这成功的背后永远抹不去的还有其所遭遇的困难与挑战。

华为全球化进程中遇到的第一大问题就是母子公司管控问题。林子大了遇见的鸟的种类就会繁多。企业规模逐渐大了，随之而来的就是管控模式的调整与更新。华为原有的组织结构与管控模式固然是很多企业向往成功可借鉴和复制的经验之品，但却不能照搬到华为的全球化进程中来，必须得重新明确和调整职能与定位，多轮变革中，万变不离其宗的始终是——华为是中国的品牌，中国人具有绝对的发言权和决策权。其他国家的人才与高管固然是华为人学习的典范，但任正非是讲究人才以绩效和结果“开口”的务实领袖，无功不受禄，无过自然也不会贬之，华为是绝不会“喜新厌旧”用旧人的泪水勾勒新人的微笑的。不忘初心的迭代即使速度不一，目标和方向也都还是不会改变的。

母子体系的问题不再是问题的时候，全球化的资源配置问题就光明正大地被摆放在了谈判桌上。就在华为大刀阔斧进军欧美市场的时候，其营销体系中的员工就都被派到国际战场上，此举必然造成国内市场的人才“大亏空”。招聘、引进、深挖这些途径都需要时间，更需要足够的人去操办这些事情，而一些新晋升的年轻管理者们因为缺乏必要的一些经验，直接导致华为的一定市场份额被中兴等企业抢夺走了。

厚此薄彼不是任正非的习惯，华为断然不会因小失大，更不会因大失小，战略布局不是黑熊掰玉米，拿这个就丢下之前的那一个。走全球化就要做国际品牌，只是对于一个中国的本土品牌而言，越是精英高端产品，其国际影响力越低。华为的欧美之路走得并不顺利，华为的技术与优势在国际市场上几乎不占有任何优势，甚至与国际电信巨头们的合作也有被防备和挑衅的时候。但即便险阻重重，任正非依然没有放弃在这条路上的摸索、前行甚至奔跑。

华为的全球化资源配置给予了很多国内外企业及企业家启示：注重研发，毫不吝啬研发的投入，不计成本地培养和吸纳技术人才，决定了华为的技术进步，也决定了华为成熟地站在世界领先的地位之上；因地制宜的差异化营销理念是华为开拓国际市场的金钥匙，生存离不开环境，企业的生存更离不开所处市场的大环境，理想照进现实永远不能规避环境这一关键因素。人们常说“大树底下好乘凉”，强强联合的结果很大程度是共赢，相对小的企业“抱大树”同样也是一个双赢的科学选择——大树吸纳一部分小树的营养帮助自己更快长成参天大树，小树借助大树的

“羽翼”平安健康地茁壮成长。国际化的发展离不开与巨头企业的合作，也离不开与国际上科学的管理体系的接轨和并肩，与其在多变的市场上寻找风向标，不如在风吹的前一刻就快速反应与决策。

狙击手一个人是不能够实现最佳狙杀任务的，他需要一名充分了解自己的观察手的配合，华为内部坚守着团队的力量和“去英雄主义”的思想文化，那么外部环境中的合作共赢自然也必不可少，相信这也是华为全球化进程中资源最优效配置的关键节点。华为已准备就绪，那些国际巨头和经销商们，是否也做好了拉弓的架势？

3

任正非的未来战略

基业是否长青，很大程度上取决于企业是否始终坚持着那份对正当价值的坚守！十年树木，百年树人，“做百年品牌”这样的口号可不是光说说就能够实现的。一个企业要想在多变的市场竞争环境下存活得更长久，首先必须要具备的就是企业经营者的良心观与道德志。很多个“老字号”之所以能够经久不衰，不正是其经营者自第一代起就严格恪守良知，坚守良心企业经营的责任，才能够在一波波后浪涌现时没倒下，再涌现的时期，稳保泰山不动的。其实，中国的企业在发展的历史长河中，真正面临的大挑战并不是全球性的经济危机，也不是经济衰退，更不是资本、市场、人才……而是一颗赤胆忠诚于市场与消费者的心，一颗有良知的道德之心。

知行合一的先进文化，在任正非很小的时候就已经从为人师表的父母身上感受到了。后来职场中的碰壁，很大程度上也与任正非耿直的性情有很大关系，一些人的一些做法严重触碰了任正非内心深处的道德底线。一个人的生存不需要除了自己之外的所有人必须消失；一个企业的生存一样不能强求其他同行业伙伴不存在，做一个有道德原则的人，建一家有良心和品质的企业，打造实实在在的生产力才能创造出核心价值的竞争力，从而在整个竞争环境下创造出更具价值的影响力。

我们都十分清楚，华为的战略实际上就是其掌门人任正非的思想，更是一种极具影响力的文化。在短期投资与长远利益上，任正非向来都只重视后者，他认为，看不清这两层关系的就算不上是合格的将军。军人出身的任正非骨子里从始至终都未曾断了那股刻骨铭心的军人铁血情怀。

所谓战略，简单地说就是一种长远的有意义的打算。比如，华为在 2012 年的时候已经实现了 20 亿 ~30 亿美金的净利润，实际上那是一个相对较好的“迈步”时机，可以耗散一些旧机构，给新优势“腾地儿”。本书的第一章节对华为以及爱立信等通信设备榜上有名的世界级企业近几年的销售额、利润等情况做过简要分析，华为是世界五大通信设备供应商中唯一一个在 2012 年没出现负增长的。对于整个世界都在衰退，甚至全球经济都有可能持续循环衰退的情况，其实华为这期间的销售额与往年相比还是有所下降的，但高于同时期同行业。

“不敢用钱是我们缺少领袖，缺少将军，缺少对未来战略的表现。”任正非放言：对未来的投资决不能手软！

很多企业都在模仿甚至想要复制华为的成功，但往往都没能实现真正意义上的成功复制，其根本就是没有总结出创新的价值真谛——创新不是为了创新而创新，一定要为了创造价值而创新。或许一次创新的举动短时期内并未彰显出其应该产出的价值，又或者说创新失败了，作为企业的领导者一定要有一颗宽容失败的心。未来很远，漫漫长路并不能保证始终的成功，一次失败也不能阻碍了之后的进步，长远的战略规划就需要正视每一次失败，并对其做出相对完善的评价，以示后来。但失败也是讲究尺度的，不是所有的领域都允许大规模失败的存在。

“高端研究领域，我认为模糊区域更多。有一些区域并不是模糊的，就不允许乱来，比如说工程的承包等都是可以清晰数量化的，做不好就说明管理能力低。高端研究是模糊区域，我们不知道它未来会是什么样子，会做成什么。因此，你们（华为高端领域的研究员工）在思想上要放得更开，将来你可以到外面去喝咖啡，与人思想碰撞，把你的感慨写出来，发到网上，引领一代新人思考。也许不仅是华为会看到你，社会其他领域的人也会看到你，那没关系，我们是要给社会做贡献的。当你的感慨可以去影响别人的时候，别人就顺着路走下去，也许他就走成功了。”任正非认为，企业的创新多半算是一种承前启后。

任正非曾经就“长远”讲过这样一个故事，他说：“今天汉语非常好用，主要是因为有汉语拼音。这得感谢 1955 年全国文字改革会议的民主氛围，以及汉语拼音伟大的贡献者、复旦大学教授周有光，他现在已经 100 多岁了。他过去致力于工业救国，一直学经济。到晚年才改研究语言的。到 1979 年，他认为要到国际标准化组织去陈述中国对文字的观点，别人就邀请他去了。上飞机之前，单位告诉他，因为你是外方邀请的，中国不负责所有差旅费，所以他上飞机的时候连一美元也没有。于是他一分钱也没有就去了巴黎。他用 3 年的努力，给国际标准化组织争取到中国要使用这个方法来拼音文字。不然，我们的汉字就无法融入电脑时代，多伟大呀！我们的文字改革经历了几百年，今天汉字变得这么简单，年轻人学文化这么容易，都是靠这么奋斗来的。”

的确，每一个创新在形成突破的过程中，都需要几代人付出努力才能够最终产生结果，所以，“每一次失败都是成功的一部分”这句话是有道理的。正是当家人有着这般战略性的思想，整个华为上下所有员工才能够坦荡拾起每一次失落，然后信心满满地继续向前努力奔跑。

华为每每向前，其实步子本身并不算大，但力道一定是足够坚定的，所以沿途的狂风吹不倒华为人努力进步的决心。在价值平衡上，如果某个项目暂时没有发挥出作用，任正非是不会轻易放弃的，华为的员工也会继续做下去，倘使个别人因为缺失信心而举步难行，华为也不会放弃对员工的心理疏导，直接的方式就是为其选择另一个部门或调换工作内容，如此循环，仿佛在长远之路上更加奏效。就像马拉松长跑，如果给起点和终点之间自定义多个节点参照物，那么马拉松也可以“瘦身”了。

做一个百年品牌或许并不难，难的是这个过程中百密无一疏。“我们可能坚持某个项目做几十年都不用，但是还得做，一旦公司出现战略性的漏洞，华为不是几百亿美元的损失，而是几千亿美元的损失。”任正非的一席话验证了他所要求华为坚持只做好一件事的事实依托，华为公司某个项目的操盘者可以流动，但项目还是要继续进行。

坚持，是华为行走至今的一个信念；大胆，则是任正非战略实施的一种手段。

在与欧盟副主席聊天的过程中，欧盟副主席曾询问任正非，为什么在全世界经济最不景气的时候，他可以如此大胆地发展华为？任正非对此表示：华为的产品对于市场而言属于小额消费，小额消费的最大特点就是风险系数极低，对经济危机不构成任何威胁，经济危机也影响不到小额消费，比如人与人日常沟通，见与不见都离不开打电话的一声问候，这就产生了小额消费，庞大的市场基数足够养活华为十几万员工了。说到基数，就不能不提到华为的盈利能力，任正非曾表示，华为的盈利能力甚至比不上餐馆的毛利率高，更不能与房地产的大手笔相提并论，再垮又能垮成什么程度？所以，全世界都摇晃了，华为依然矗立不动，并且依然坚持创新，坚持技术与研发，并且没有亏待在华为始终奋斗和坚守的员工。

历史经验告诉我们，打江山容易守江山难，华为的稳中求进离不开持续创新和向着优秀学习。任正非坦言："如果我们不向美国人民学习他们的伟大，我们就永远战胜不了美国。当前人类社会知识的发展程度，远远超越了任何一个过往的时代，因此只有依靠集体力量才会有未来。"

❹

坚持发展，不进则退

华为的美国之路走得一直很艰难，但任正非从未在这样艰难的道路上有任何退缩和犹豫，反而越挫越勇。

为了充分了解学习的榜样兼最强大的对手，任正非特别挑选了一个时期到美国“深入敌后”考察，整个考察的过程对任正非本人而言受益匪浅。美国人踏踏实实的做事作风、全神贯注的专一精神、精益求精的刻苦钻研、毫不保守的学术风气等，都是华为跻身美国的必修内容。在激烈的市场竞争中，一个品牌想要战胜另一个甚至优秀于自己多倍的品牌，就一定要先去了解这个品牌的本质和闪光点，充分发挥自我的优势来平衡与闪光点之间的距离，必要时将隐藏起来的自我隐性优势迸发出来，努力寻找自我短板与对方中庸的异性与共性，取其精华去其糟粕，当然最终的目的就是取而代之。

不是有那么一句话：不想当将军的士兵不是好士兵！华为的

一生只坚持做好一件事，就是做最优秀的通信设备制造企业，为消费者创造出性价比最高的产品和最优质的服务。也许现在谈华为叱咤美国会显得有一些“不自量力”，那么当初华为一出道就奔着横扫中国多年的几大世界巨头品牌去“挑衅”的时候，不也是“以卵击石”却取得了最后的胜利吗？企业的发展不能追求随遇而安，只要踮起脚尖，就会距离阳光更近。

美国的强大主要来自于他们国家独占鳌头的科技。美国相对自由宽松的社会环境滋养了良好的科技发展氛围，当然，国家对科学技术的重视最大程度上“包办”了科技研发的专利及其相关保护机制。美国可以不遗余力地大量引进海外高精尖人才，相信硅谷就会集了几乎全世界最优秀的IT经营者。强大的经济背景奠定了科技发展的夯实基础，没有任何一个国家能够像美国一样“倾其所有”去承担大型科研技术的研究工作。即便已经位居世界老大，但美国依然时刻保持着紧绷的琴弦，丝毫不敢懈怠，强烈的忧患意识使美国很少会满足于自我的小成就。于是，精锐的基因一代一代传承下来，开拓进取的精神一浪高过一浪，创造出了昨天和今天务必强盛的实力派大国，如果这份开拓进取有增无减，那么明天的舞台上，美国依旧会是一个最美舞者。

美国的强大于世界各国而言都是一种强烈的危机，而且这种强烈的危机无时无刻不在推动着世界向前奔跑，华为的全球化战略已经被列入到国际竞争的花名册中。世界的科技看不到边界，倘使回头就会错过发展的最佳机遇，错过了就是一辈子，这不就等于全军覆没了吗？

美国人不像中国人有那么多远大的理想，也没有胸怀祖国、放眼世界的空洞抱负，也不像我们那样充满幻想。这个民族踏踏实实、不屈不挠的奋斗精神是值得我们学习的。航天飞机，大规模硅片，超大型计算机，超微型的终端，发达而优良的电信设备、测试仪器，是美国人民的勤劳创造的，是掠夺不来的。

从任正非对考察美国后的感想中，我们看到了华为这个强大的从中国走出去的企业领袖，没有因为对手的强大而怯懦，没有因为每一次的努力都没有得到应有的结果而放弃，更没有在这条走出去就不能再回头的路上放慢过脚步，因为任正非知道，一旦错过了就可能什么都没有了。

华为已经走在了跨出国界的路上，也走在了奔赴美国战场的路上，就算美国是一块最难啃的骨头，华为也一定会啃掉它。之前的很多次主动出击都以失败而告终，不能代表这条路径的选择就是错误的，但不该规避的是，路径的使用上一定出现了问题。就像考卷上的一道拔高题，你若按照解常规题的思路去进行，那结果可能是解不出来或解错。但也不能说没解出来就扔在那儿不做了，考试结束的铃声不是还没有打响吗，那就理清思路，从头再来，从细节处一点一点解决它。

任正非来到了美丽的波士顿城，这是很多年前欧洲人开发美洲大陆的窗口，透过这个窗口所看到的“怡人风景”，怕是中国这片土壤一年四季都很难有的。

古老的房屋收拾得十分整齐，外表都刷着朴实的油漆。这个城市的美，在于城市中处处都保留着小片小片的森林。沿街全是绿茵茵的草地，草地上种着阔叶树。这些枫树、橡树，冬天叶子都要掉得光光的。现在是秋天，树叶红的、绿的、黄的、黄绿的、褐色的、深红色的……在阳光的照耀下，全变成透明的，如诗如画，纷纷飘落的树叶，铺满了绿草地，好像一条五彩斑斓的地毯。

如任正非所分析的一样，美国人数百年来对环境的保护，无论是意识还是行为都是令人震惊的，这些似乎与企业之间的竞争毫无关系的因素，往往就在战争的路上被忽略甚至被丢弃了。一颗螺丝钉的松弛都有可能导致飞机在飞行中遇难，更何况品质的养成会影响到其数百年的基业。

此次美国之行，任正非参观了 CP 公司。“CP 公司在美国算是一家小公司。从这个窗口，我看到美国人十分执着的钻研与认真精神，看到如绅士风度一般的有条不紊、井井有条的管理。各类文件十分清晰、准确，并有良好的覆盖，是一项成功的系统工程。”任正非如是说。

CP公司全称Crye Precision，它是2000年成立于美国纽约的一家专注于美军作战装备服装的机构，主打迷彩系列。任正非在这家公司参观了不到两日便辗转到哈佛大学去参观，在这里沐浴和感受着世界最强大脑中源源不断的知识流，经受着冲击与洗礼。特别是对教育和知识的无限渴望，让这位一直徘徊在美国市场周边不断强大自我的华为掌门人产生了高度共鸣。

“只有知识有价，才会有人才的渴求，有了人才的渴求，才会重视教育，希望工程的钟声，一遍一遍地敲响，正敲碎人们的金钱梦。不振兴教育，是不可能振兴中华的。再穷不能穷教育。”任正非既是这般想的，也是这般作为的，在华为完善的人力资源管理体系中，人才培养与学习方面就占据了很大的空间。

发展是硬道理，人才更是硬道理中的硬道理。

第七章——

脱虚向实，读懂华为的“不上市”

任正非凭自己过去的人生挫折，感悟到要与员工分担责任、分享利益。设计了员工持股制度，通过利益分享，团结起员工。他曾说过，资本是最没有温度的动物，也是最没有耐心的魔兽。华为不上市则有可能称霸世界！

— 1 —

无法撼动的“不上市”决心

当越来越多的企业将眼光锁定纳斯达克、纽约、伦敦、新加坡等证券交易所时，有一些被怀疑“是否存在精神状况”的企业铁打不动地远离各种证券交易所，依旧专注于自己的那份小事业，不上市、不融资。

其实，“上市”这个词汇的温度一直居高不下，在很多人看来，上市便意味着企业实力雄厚，而上市之后的一大波优势也会为企业带来意想不到的品牌影响力，很多企业也都是通过上市这条路从一个中小型企业步入到大资本市场的队列中来的。

如表 7-1 所示，上市对企业自身内外的优势有很多，足以吸引更多的企业在上市这条路上坚持到底，他们坚信：上市就是企业的终级发展目标。世间万事万物其实都是存在正反两面的，正如舍与得、退与进、付出与回报、个体与整体、个人与国家的关系，是一种哲学，更是一种大智慧。

所以，纵然上市对企业而言有着众多的有利因素，但随之而来的弊端也不能忽略掉。或许是因为不屑于上市，亦或许是因为吃透了上市弊端的前前后后，综合认为不上市更有利于企业的发展，有那么一些特别“霸道”的企业完全不在上市的频道上，甚至无论是什么样的诱惑都不能撼动他们“不上市”的决心。

表 7–1　企业拥有“上市”身份后的利弊分析

利处	弊端
（1）新的直接融资通道。企业可以在上市时筹集一笔可观的资金，上市后还可以再融资筹集资金。用企业的股票进行兼并、收购等，公开上市是企业最具吸引力的长期融资形式，能从根本上解决企业对资金的需求 （2）上市有利于完善公司法人治理结构和厘清公司自身发展战略，夯实企业发展的基础。上市前，企业一系列的准备工作已经将企业从一个“草莽企业”“家族公司”逐渐演变为现代企业，且公司上市后要履行严格的信息披露制度和其他法律要求也会增加公司运营的透明度，有利于防止“内部人控制”现象的发生，有利于提高企业的经营管理效率 （3）提升企业的品牌价值和市场影	（1）信息披露使财务状况公开化。企业一旦上市就要在一个透明的环境下运营，上市后则完全暴露在投资者的目光下，因受公司文化传统等诸多因素的影响，企业需考虑是否适应高透明度的运营 （2）股权稀释，减低控股权。企业上市后其重大经营、管理决定，例如净利润保留、增资或兼并，都需要股东在年度会议上通过，意味着在上市后老板对企业控制力会有所减弱 （3）被敌意收购的风险。企业上市就更容易遭到敌意收购，因为公司的股票是自由买卖的，这意味着可能有一天，你的公司会被其他公司突然收购及接管 （4）股价的不理性及异常波动可

续表

利处	弊端
响力，提升公司在客户、供货商和银行心目中的地位。由于上市公司的运作是相当透明的、运营是受到监管的，比运作不透明，运营不受监管的非上市公司更让人放心，所以，客户、供货商和银行会对上市公司更有信心。公司将更容易吸引新客户，供货商更愿意与你合作，银行会给予更高的信用额度 （4）上市使得公司对员工更有吸引力。上市后，公司的股权激励计划会对员工更有吸引力，有助于吸引并保留最有才干的员工。而当公司向优秀的管理雇员提供股份红利计划，公司的效益将与企业管理者利益联系在一起，提高员工的干劲 （5）增强公司的竞争优势。对于业绩优良、成长性好、讲诚信的公司，其股价会保持在较高的水平上，不仅能够以较低的成本持续筹集大量资本，不断扩大经营规模，而且可以将股票作为工具进行并购重组，进一步培育和发展公司的竞争优势和竞争实力，增强公司的发展潜力和发展后劲，进入持续快速发展的通道 （6）对上市公司老板的好处。可去掉私人担保；可通过公开市场出售股份的方式直接退出；方便股东的	能给企业运营带来负面影响。上市后，企业的经营状况会影响到公司股价的表现；反过来，公司股价的一些不正常波动也可能为其自身经营带来一些不必要的麻烦，甚至成为拖垮一个企业的导火索 （5）上市的成本和费用高。上市后，股票就成了一种产品，像其他有形产品一样，同样需要企业去维护。这两项工作将会占用企业资源。而企业在证券市场上的不当行为如果给投资者造成损失，那诉讼成本和赔偿费用都会十分可观 （6）先付费用，但企业不一定能成功上市。公司一旦计划上市并开始实施，即需要先向法律顾问、保荐人、会计师支付部分费用，此部分费用无论上市成功与否都会发生。另外，维持上市公司地位亦会增加其他费用 （7）对上市公司老板的坏处。公司上市后成为公众公司，老板的个人生活也会受到影响，个人隐私易被社会曝光 （8）商业信息可能被竞争者知悉。每个上市公司都需要披露大量的信息，出于保护投资者的目的，监管要求上市公司对公司重大信息进行披露。包括财务信息、重大合

续表

利处	弊端
财产管理；上市后股东可以通过证券市场交易增加资产流动性；公司的经营风险随着股份的分散而被大众分摊；财富双重（账面收益和资本性增长受益）增长效应	同、股本变化等，这样一来一些不便公布的商业信息也被公开，一旦被竞争者知悉，可能对公司造成不利影响

比如华为，对于“上市”这个话题，华为当家人任正非一直强调：华为不片面追求企业规模，华为的发展不缺资金，因此不会进入资本市场，绝对不上市。如果大量资本进入华为，就会多元化，就会摧毁华为 30 多年来还没有全理顺的管理。

很多企业家可能认为，上市对本公司来说是发展的最大保障，也是企业的终极目标，不过任正非对此持有反对观点。2014 年的一次伦敦采访中，任正非曾对外媒表示，他个人是那种低调到不愿意同任何媒体打交道的企业家，故而他也不愿意让他的企业过多“暴露”给公众和媒体。在任正非看来，上市其实是一种把公司变得短视近利的行为，所以他未对华为做出过任何上市的打算，他更愿意将资金和精力投入到欧洲市场。

恰是那一次坦言，外媒给中国的华为塑造上了一种尤为神秘的形象，进而很多外国的东道主们开始怀疑，华为是不是存在无以言表的危机和安全隐患？不过，这样的顾虑很快就被华为的实力冲到了九霄云外。

任正非绝对堪称“中国好老板”，一方面他拒绝公司一切上市的可能，一方面又在快马加鞭将公司的“股权结构”加以科学与理想化分配，即华为特有的员工持股结构：在华为，员工持股比例为99%。任正非毫不掩饰地表示，投资人都是无比贪婪的，他们会想方设法去寻找榨干上市公司的一切。一旦华为走了上市这条路，将很快变成一家短视近利的公司，这完全违背了任正非想做好品质的服务和产品的初衷。相比之下，华为独特的员工持股结构在市场竞争中更具有核心竞争力。

❷

不能把工具变成目的

如果一定要刨根问底华为的上市计划，任正非的“华为 50 年不上市”是不是就算作是给了外界一个答案呢？其实，很多人都清楚，上市对企业而言就是一种工具，一种借助融资不断扩张的工具，只是任正非不明白，为什么有那么多的企业家，甘愿将辛辛苦苦创建的企业推向任人宰割的“屠宰场”？为什么一定要将工具变成最终的目的？

“不上市”并不是任正非一个人的坚持，华为公司轮值 CEO 郭平曾在回复任正非“你认为华为何时上市最为妥当”的问题时表示：1000 年以后！“当然，不用 1000 年，但 50 年、60 年内也许不会（上市）吧。”2016 年 2 月，在巴塞罗那通信展上任正非曾对媒体这样说过。

虚拟经济是实体经济的工具，我们不能把工具变成目的，我们用锄头去种地，不是说我有好多把锄头就创造了好多财富。锄头就是工具，目的是拿来种地的嘛，如果我们玉米不丰收，啥也不种，就没有创造直接价值，锄头永远就没有意义。虚拟经济是实体经济的工具，它不是一个目的，如果我们把虚拟经济变成目的了，这个迟早会有一些挫折。首先，我们要抓住货源要保持高质量，供给侧一定要保持高质量。其次，产品要高质量，有了高质量就会有客户群。供给侧改革中核心是质量。质量的关键是要提高成本。低成本就不可能有高质量，低成本必然带来地沟油及假冒伪劣。高质量为什么不能卖高价格呢？卖不了高价格，政府就要减负，企业才能有余钱投入创新。我在达沃斯讲的我们坚决不走低价格、低成本、低质量的道路，这会摧毁我们 20 多年后的战略竞争力。

毋庸置疑，上市是一种企业融资的最有效最直接的工具，但资本对华为而言目前只能算作是工具，不是最终的目的，甚至连战略布局中的一个阶段性目的都算不上。都说任正非是危机意识过分敏感的企业家，就连华为超越了 BAT 总和，但在他看来，华为还处在冬季中。所以，来自于上市的一箩筐弊端也就成为“华为不上市”众多理由中的一部分。

上市了就要唯“市值”马首是瞻，所有的都要开始向盈利倾斜，为市值忙碌的期间往往会忽略掉最真挚的初心，忘却了消费者的利益就等于阻断了品质前行的道路。被“牵着鼻子走”显然是傲骨凛然的任正非所不能接受的，他也不能允许无上荣耀的华为人跑去为资本利益而奔波。资本就是企业的一个发展工具，不应该成为直接或间接的目的，商业的真正目的在于客户的需求和满足，这才是唯一，其余的所有都只是手段而已。

当“互联网 +”的概念与实操在中国的企业中越来越清晰的时候，如何科学利用互联网来帮助企业顺利发展就成为一个富有挑战性的话题。很多企业见到了互联网的现实利益，便不计代价和成本地去跟风，然而却走偏了，一大截的距离极有可能成为难以逾越的鸿沟。互联网是科技发展的一个现实且不容忽视的产物，但互联网对于大众的实体企业来说只能算为一种有效的发展工具，而所谓的“互联网 +”是离不开实体的根本独立存在的，需要将其深入融进企业实体之中，才能发挥出其真正的科技价值。

中国“互联网春秋五霸”（百度 Baidu、阿里 Alibaba、腾讯 Tencent、京东 Jingdong、小米 Mi）之一的掌门人刘强东曾经十分大胆地提出自己对“互联网 +”的观点，他说：“我想，最后的推动力一定还是来自于生产效率提升的变革，包括零售模式从过去的小商品市场到超市到连锁店到今天的电商，所有背后的推动力都是来自于供应链成本的下降和供应链效率的提升。”

对此，华为掌门人高度点赞，任正非认为，这才是互联网 + 的本质。“‘互联网 +’不是颠覆，而是融合。当连接红利下降之后，还是会回归到商业的本质，生产效率的提升。以O2O为例，互联网思维们靠融资烧钱补贴，结果资本寒冬一来，补贴下降，立马大批死掉。”一直以来都保留着“冬天的寒冷之感”的华为掌门人任正非将危机意识向来都是特别“明目张胆”地表述出来，也正是这样的“持续危机”，使华为的每一个“冬季”都能很温暖地度过。

其实，当“互联网+”从“锦上添花”过渡到“生存必备工具”的时候，任正非还是很深入地对其进行过一番研究的。“互联网的技术、思想和方式，去改造乃至重构一切行业，是中国经济最大的亮点，也是新增长点。在这股浪潮的强劲冲击下，产生了用互联网思维卖手机、做房子、卖煎饼……现在，互联网思维似乎成了一个点石成金的咒语。部分互联网从业者的傲娇与傲慢，也引起了大量传统人士的反感。互联网之于当下中国，仍是一个最大的正能量！关键看你怎么理解。”任正非以一名卓越企业家的身份从大的格局上分析总结，互联网作为工具，其起步阶段的红利正在消退。那么，这位卓越的企业家对互联网的认识到底能给我们提出哪些建设性的意见呢？

“我认为互联网分为三个层次：其一，互联网是一种‘连接’的技术工具，带来了行业层面的高速发展，此之谓互联网行业；其二，互联网是一种通用的先进方法论，带来了产业层面的转型升级，此之谓产业互联网；其三，互联网是一种新商业文明的价值观，推动了透明、分享的社会大变革，此之谓社会互联网。”任正非总结自己的观点道。

任何工具的使用，只有在充分满足实体内在需求的情况下才能发挥出最有效的作用，与此同时，该工具的操盘手还要清楚工具使用的方法以及收放自如的技巧。以互联网为例，中国互联网经历了 1.0 的沸腾 15 年，已经处于 2.0 阶段，目前大火的“互联网思维”“互联网＋”在循序渐进的过程中也在发生着本质上的集成与迭代。包括 BAT 在内的巨头们的“互联网”也在放缓增速，曾经叱咤风云的超级红利正在消退，越来越多企业的“互联网＋”甚至越做越重。

显然，工具演变成目的的结果是我们所不愿意见到的，也是很多企业及企业家难以接受的。所以，任正非那颗“冬季寒冷的心”才能够在炙热的时期更冷静地看到“互联网 +”的本质和波峰过后可能遇见的“寒冬”。当很多企业都被“互联网 +”眼前的红得发紫“烤”得发晕的时候，华为还是十分冷静的。

如今看来，以华为为代表的那些掌握了“互联网 +”的工具、方法、价值与本质的转型成功的企业正爆发出它们生机勃勃的力量，如华为的手机销售已经将以互联网思维为代表的小米甩下很大一段距离。

3

98.6% 员工持股的神话企业

选择与坚持，大概是人生中所面对的两大最艰巨的心理斗争了。其实，估计很少会有人敢信誓旦旦地打包票，说自己做的每一次选择都是正确的，因为每一件事情都存在它本质上的两面性，所谓的利弊相吸应该就是这个道理。还是上市这个话题，外界或许对任正非“华为 50 年不上市”的抉择存在很多的不解，甚至恨不得掏空任正非的大脑，仔细来研究一番它的构造，为什么任大掌门人为华为所做的每一次选择都那般前瞻？难道任正非有预知未来的超凡能力？

正如上市的利弊如此清晰地展现在各大企业中一样，华为的不上市也有其不上市的个性化因素，比如华为不上市就不能够进行大规模的融资，其发展和战略上的布局就只能一步一个脚印慢慢前行，再大的风险也只能自己担当。或许华为一旦上市，其发展的速度会更加极速，不过这也只能成为华为的“仰慕者”的猜测或遗憾了。

太多的人开始疑惑，华为不上市，不融资，任正非到底在想些什么？

堪称国际巨头的 BAT，表面上看特别的风光，特别的光芒万丈，其实，这些外在的璀璨对企业的自我何尝不是一种痛心疾首的“摧残”呢？ BAT 甚至都谈不上拥有自我，完全受制于外国资本的操控，其中的任何“之一”一旦消失，无数个“之一”将会站起来，而且就是分分钟的事儿。然而，若是中国没有了华为，将没有任何一家公司能够站出来顶替华为，华为就是那个没有“之一”的之一。

仅 2016 年第一季度，华为手机的全球销量就超过了 2839.2 万台，同比增长 64%。迄今为止，全球有超过 20 亿的人民每天都在使用华为设备进行通信，即便是在 4G 技术领先的欧洲地区，华为依然保持着过半的市场占有率，2016 年第一季度的欧洲市场出货量增长高达 100%。150 多个国家超过 500 万的华为用户成为这个成功跨出国界的中国品牌 70% 海外收入的坚实后盾。

华为能够取得这样的成绩，所依托的不是“通过上市所进行的大规模融资”的标榜，也不是什么大股东、股神的亲情加盟，而是 17 万之多的华为员工，用超过 98.6% 持股结构“真枪实弹”砸出来的“之最”。是的，华为不上市，不融资，但却融到了华为员工颗颗赤诚火热的心。长远来看，这不正是未来企业的真正出路吗？

玩金融的人，动动手指头就会有大把大把的钞票进账，炒房的人弹弹烟灰的工夫就能成为一方热土的大东家。然而，真正埋头苦干的人、早出晚归的上班族却只能靠每个月收入微薄的工资，这看起来极不公平。但是，人们往往忽略了，地球永远都是绕着太阳自转，自然也在这般的规律之下开始轮流地循环。经济危机下首创最严重的就是玩金融的人，房地产泡沫中，被洗得最干净的就是房地产人，而此时唯一没有被牵连，又或者说很少损失的恰恰就是那些埋头干实事的人。

所以，干实事儿的东家自然会把好处分享给干实事的员工，任正非坚决不让华为上市的初衷，就是要将所赚取的利润分给华为员工，所以便有了 98.6% 员工持股的神话企业的诞生，它是中国的神话，亦是世界的奇迹。

作为华为的掌门人，任正非个人持股只有 1.4%，拥有华为股权 98.6% 的庞大群体不仅拥有华为的表决权、持股权和出售权，还享有公司的分红权与股权增值获利权。华为每年所获得的利润都是 100% 分配给持股人。真正的“取之于民而用之于民”，其价值就是体现在华为这样的“全员创利，全员获利”上。

2010 年，华为实现净利润 238 亿元，配出 2.98 元 / 股的股息，一名在华为工作 10 年的员工，按照 40 万股的配比，仅 2010 年这一年就能获得 120 万元的股息，而且仅仅是股息，还不算其他。这样一组令人心旷神怡的数字，怕是让很多外企的高管都望尘莫及的吧。然而在华为，这样的“高回报”只不过是一个“常态”罢了。

上市所带来的融资，固然能够带动企业的快速发展，但倘若这份资金出现一点点的不确定性，其所带来的结果怕也是无法颠覆和扭转的了。但是，融心不同于融资，即使“没有钱”，一群持续奋斗的狼团依然可以创造出不菲的业绩。当然，“不菲”的业绩不仅局限于金钱上的翻番，更有品质与影响力的卓越，是最醉人的一份收获。

“互联网 +”时代，华为甩了将互联网销售视为主要渠道的小米手机十万八千里，就连始终努力将华为拒之门外的美国，其大佬级品牌“苹果”也被华为所超越。市场研究公司 Kantar World panel Com Tech（以下简称 KWC）曾对 2015 年 12 月至 2016 年 2 月期间，iphone 在中国市场的销售份额进行了调研，结果显示，这几个月是 iphone 走进中国市场历史以来首次遭遇“滑铁卢”，此次下滑幅度为 3.2%，最终占比为 22.2%。然而与此同时，华为在中国市场智能手机市场上的份额占比为 24.4%。

“创新驱动，质量为先！”在中国智能制造这条迭代之路上，更多的企业应该向华为学习，不只是复制成功，还有很多的有价值、有本性的思想在里面。太多的企业家该向任正非学习，学习他自己排队“消费”，不借钱就不欠人情也就不用还，少在产品上“打算盘”就能获得更多一些的消费信赖。就像任正非所说的：“再不可以忽悠中国消费者了。什么‘物美价廉’，什么‘让消费者享受低价’等。这些东西都是靠不住的。提升产品品质，需要巨大的投入和决心，需要几十年厚积薄发。你一味低价，就没有好产品。而消费者根上的需求是好产品，是高品质的产品。企业满足不了他们的需求，就把他们逼出中国，到日本等国去狂购。”

任正非这种“脱虚向实”的思想，所针对的不仅仅是企业与消费者，还有企业和员工。华为所聘员工多为智力型人才，没有谁能甘愿当老黄牛“吃草挤奶”，主人总要在相对单一的草里加一些促进生长的“营养成分”才能实现事半功倍的效果。恰恰是任正非“以奋斗者为上”的这份坚守，让这个有着深厚积淀的华为经得起各种惊涛骇浪的捶击而崛起。

链接：华为的红旗到底能打多久

摘自《华为人报》第 71 期《要从必然王国走向自由王国》，该文选编自华为公司总裁任正非先生向中国电信调研团的汇报以及在联通总部与处级以上干部座谈会上的发言。

一个企业怎样才能长治久安，这是古往今来最大的问题。华为的旗帜还能打多久？华为在研究这个问题时，主要研究了推动华为前进的主要动力是什么，怎么使这些动力能长期稳定运行而又不断自我优化。大家越来越明白，促使核动力、油动力、煤动力、电动力、沼气动力……一同努力的源泉是企业的核心价值观，这些核心价值观要被接班人所确认，同时接班人要有自我批判能力，接班人是用核心价值观约束、塑造出来的，这样才能使企业长治久安。接班人是广义的，不是高层领导下台就产生个接班人。而是每时每刻都在发生的过程，每件事、每个岗位、每条流程都有这种交替行为，是改进、改良、不断优化的行为。我们要使各个岗位都有接班人，接班人都要承认这个核心价值观。

华为的核心价值观分为七条：

第一条（追求）华为的追求是在电子信息领域实现顾客的梦想，并依靠点点滴滴、锲而不舍的艰苦追求，使我们成为世界级领先企业。

为了使华为成为世界一流的设备供应商，我们将永不进入信息服务业。通过无依赖的市场压力传递，使内部机制永远处于激活状态。

也许大家觉得可笑，小小的华为公司竟提出这样狂的口号，特别在前几年。但正因为这种目标导向才使我们从昨天走到了今天，今年（2010年）我们的产值在100亿元左右，年底员工人数将达8000人，我们和国际接轨的距离正逐渐减小，今年我们的研发经费是8.8亿元，相当于IBM的1/60，产值是它的1/65。和朗讯比，我们的研发经费是它的3.5%，产值是它的4%，这个差距还是很大的，但每年都在缩小。我们最近制订了要在短期内将接入网产品达到世界级领先水平的计划，使我们成为第一流的接入网设备供应商。这是公司发展的一个战略转折点，经历了十年的卧薪尝胆，公司开始向高目标冲击。

（1）以客户的价值观为导向，以客户满意度做评价标准。瞄准业界最佳，以远大的目标规划产品的战略发展，立足现实，孜孜不倦地追求，一点一滴地实现。

公司现在最严重的问题是管理落后，比技术落后的差距还大。我们发展很快，问题很多，管理不上去，效益就会下滑。现在当务之急是要向国外著名企业认真学习，我们聘请了非常多的国外大型顾问公司给我们提供顾问服务，如我们的任职资格评价体系是请美国HAY公司来做顾问的。通过自己的消化吸收，一点一点地整改，任何整改都得先刨松土壤，这就要先从自我批评入手才能听得进别人的意见。

人才、技术、资金是可以引进的，管理与服务是引进不来的，必须靠自己去创造。没有管理，人才、技术、资金形不成力量；没有服务，管理没有方向。

（2）坚持按大于10%的销售收入拨付研究经费，追求在一定利润水平上的成长的最大化。我们必须达到和保持高于行业平均的增长速度和行业中主要竞争对手的增长速度以增强公司的活力，吸引最优秀的人才和实现公司各种经营资源的最佳配置。在电子信息产业中，要么成为领先者，要么被淘汰，没有第三条路可走。

（3）在设计中构建技术、质量、成本和服务优势是我们竞争力的基础。建立产品线管理制度，贯彻产品线经理对产品负责而不是对研究成果负责的制度。

（4）贯彻小改进、大奖励，大建议、只鼓励的制度。追求管理不断的优化与改良，构筑与推动全面最佳化的有引导的自发的群众运动。

能提大建议的人已不是一般的员工了，也不用奖励，一般员工提大建议，我们不提倡，因为每个员工要做好本职工作。大的经营决策要有阶段的稳定性，不能每个阶段大家都不停地提意见，我们鼓励员工做小改进，将每个缺憾都弥补起来，公司也就有了进步。

务虚的人干四件事：一是目标，二是措施，三是评议和挑选干部，四是监督控制。务实的人首先要贯彻执行目标、调动利用资源、考核评定干部，将人力资源变成物质财富。务虚是开放的务虚，大家都可畅所欲言，然后进行归纳，所以务虚贯彻的是委员会民主决策制度，务实是贯彻部门首长办公会议的权威管理制度。

（5）破釜沉舟，把危机意识和压力传递到每一个员工。通过无依赖的市场压力传递，使内部机制永远处于激活状态。

我们决心永不进入信息服务业，把自己的目标定位成一个设备供应商。这在讨论中争论很大，最后被肯定下来是因为只有这样一种方式，才能完成无依赖的压力传递，使队伍永远处在激活状态。进入信息服务业有什么坏处呢？自己的网络、卖自己的产品时内部就没有压力，对“优良服务是企业的生命”的理解也会淡化，有问题也会推诿，这样的企业是必死无疑了。

第二条（员工） 认真负责和管理有效的员工是华为最大的财富。尊重知识、尊重个性、集体奋斗和不迁就有功的员工是我们的事业可持续成长的内在要求。

华为公司容许个人主义的存在，但必须融于集体主义之中。HAY公司曾问我是如何发现企业的优秀员工的，我说我永远都不知道谁是优秀员工，就像我不知道在茫茫荒原上到底谁是领头狼一样，企业就是要发展一批狼，狼有三大特性：一是敏锐的嗅觉；二是不屈不挠、奋不顾身的进攻精神；三是群体奋斗。企业要扩张，必须有这三要素，所以要构筑一个宽松的环境让大家去努力奋斗，在新机会点出现时自然会有一批领袖站出来去争夺市场先机，市场部有一个“狼狈组织”计划，就是强调了组织的进攻性（狼）与管理性（狈）。

（1）机会、人才、技术和产品是公司成长的主要牵引力。这四种力量之间存在着相互作用，机会牵引人才，人才牵引技术，技术牵引产品，产品牵引更多更大的机会。员工在企业成长圈中处于重要的主动位置。

（2）我们坚持人力资本的增值大于财务资本的增值。

（3）我们不搞终身雇佣制，但这不等于不能终身在华为工作。公司与员工在选择的权利上是对等的，员工对公司的贡献是自愿的。自由雇佣制促使每个员工都成为自强、自立、自尊的强者，从而保证公司具有持久的竞争力。

（4）华为公司在招聘、录用过程中，最注重员工的素质、潜能、品格、学历，其次才是经验。

（5）工资分配实行基于能力主义的职能工资制。奖金的分配与部门和个人的绩效改进挂钩；安全退休金等福利的分配依据工作态度的考评结果；医疗保险按贡献大小对高级管理和资深专业人员与一般员工实行差别待遇，高级管理和资深专业人员除享受医疗保险外还享受医疗保健等健康待遇。

（6）自动降薪。公司在经济不景气时期以及事业成长暂时受挫阶段或根据事业发展需要，启用自动降薪制度以避免过度裁员与人才流失，确保公司渡过难关。

（7）晋升与降格，我们让最有责任心的人担任最重要的职务。到底是实行对人负责制还是对事负责制这是管理的两个原则，我们公司确立的是对事负责的流程责任制，我们把权力下放给最明白、最有责任心的人，让他们对流程进行例行管理，高层实行委员会制把例外管理的权力下放给委员会并不断地把例外管理转变为例行管理，流程中设立若干监控点由上级部门不断执行监察控制，这样公司才能做到无为而治。

（8）职务轮换与专长培养。我们的干部轮换有两种：一是业务轮换，如研发人员去搞中试、生产、服务，使他真正理解什么叫作商品，那么他才能成为高层资深技术人员，如果没有相关经验，他就不能叫资深，因此资深两字就控制了他，使他要朝这个方向努力。另一种是岗位轮换，让高中级干部的职务发生变动，一是有利公司管理技巧的传播，形成均衡发展；二是有利于优秀干部快速成长。

第三条（技术） 广泛吸收世界电子信息领域的最新研究成果，虚心向国内外优秀企业学习，在独立自主的基础上开放合作地发展领先的核心技术体系，用我们卓越的产品自立于世界通信列强之林。

（1）紧紧围绕在电子信息技术领域发展，不受其他投资机会所诱惑。树立为客户提供一揽子解决问题的设想，全方位为客户服务。

（2）高度重视核心技术的自主知识产权。我国引进了很多工业，为什么没有形成自己的产业呢？关键核心技术不在自己手里。掌握核心，开放周边，使企业既能快速成长又不受制于人。

（3）遵循在自主开发基础上广泛开放合作的原则。重视广泛的对等合作和建立战略伙伴关系，使自己的优势得以提升，并使优势更优势。

（4）没有基础技术研究的深度，就没有系统集成的高水准；没有市场和系统集成的牵引，基础技术研究就会偏离正确的方向。

第四条（精神） 爱祖国、爱人民、爱事业和爱生活是我们凝聚力的源泉。责任意识、创新精神、敬业精神与团结合作精神是我们企业文化的精髓，实事求是是我们行为的准则。

（1）君子取之以道，小人趋之以利。以物质利益为基准是建立不起一个强大的队伍的，也是不能长久的。

（2）坚决反对空洞的理想，做好本职工作。没有基层工作经验不提拔，不唯学历，青年学生最大的弊病就是理想太大，因此在华为不论什么学历进公司一星期后学历自动消失，所有人在同一起跑线上，凭自己的实践获得机会，强调后天的进步，有利于员工不断地学习。

（3）培养员工从小事开始关心他人。要尊敬父母、帮助弟妹、对亲人负责，在此基础上关心他人，支持希望工程、寒门学子、烛光计划……平时关心同事以及周围有困难的人，修养自己。

……

第五条（利益） 华为主张在顾客、员工与合作者之间结成利益共同体，努力探索按生产要素分配的内部动力机制，我们决不让雷锋吃亏，奉献者定当得到合理的回报。

第六条（文化） 资源是会枯竭的，唯有文化才会生生不息。一切工业产品都是人类智慧创造的，华为没有可以依存的自然资源，唯有在人的头脑中挖掘出大油田、大森林、大煤矿……精神是可以转化为物质的，物质文明有利于巩固精神文明，我们坚持以精神文明促进物质文明的方针。

这里的文化，不仅包含了知识、技术、管理、情操……也包含了一切促进生产力发展的无形因素。

华为唯一可以依存的是人，当然是指奋斗的、无私的、自律的、有技能的人，如何培养造就这样的人，是十分艰难的事情。

（1）知识经济时代企业生存和发展的方式也发生了根本的变化，过去是靠正确地做事，现在更重要的是做正确的事。过去人们把创新看作是冒风险，现在不创新才是最大的风险；过去是资本雇佣劳动，资本在价值创造要素中占有支配地位，而知识经济时代是知识雇佣资本。知识产权和技术决窍的价值和支配力超过了资本，资本只有依附于知识才能保值和增值。

（2）我们要逐步摆脱对技术的依赖，对人才的依赖，对资金的依赖，使企业从必然王国走向自由王国，建立起比较合理的管理机制。当我们还依赖于技术、人才和资金时，我们的思想是受束缚的，我们的价值评价与价值分配体系还存在某种程度的扭曲。

（3）强调员工的敬业精神，选拔和培养全心全意高度投入工作的员工，实行正向激励推动，不忌讳公司不利因素，激发员工拼命努力的热情。

知识、管理、奋斗精神是华为创造财富的重要资源，我们在评价干部时，常常用的一句话：此人肯投入，工作卖力，有培养前途。只有全心全意投入工作的员工才能造就成优良的干部，我们常常把这些人放到最艰苦的地方、最困难的地方甚至对公司最不利的地方让他们快快成熟起来。

第七条（社会责任） 华为以产业报国和科教兴国为己任，

以公司的发展为所在社区做出贡献。

华为经历了十年的努力确立了自己的价值观，这些价值观与企业的行为逐步可以自圆其说形成了闭合循环。因此，它将会像江河水一样不断地自我流动、自我优化，不断地丰富与完善管理，不断地流，不断地优化，企业规模增大，流量不断自动加大，管理不断自我丰富，存在的问题，这次不被优化，下次流量再大时一定会暴露无余。不断地流，不断地优化，再不断地流，再不断地优化，循环不止，不断升华，慢慢地淡化了企业家对它的直接控制（不是指宏观的控制），那么企业家的更替与生命终结就与企业的命运相分离了，长江就是最好的无为而治，不管你管不管它都不愧江河万古流。

公司已确立了接班人的标准，各级岗位上正在涌现成千以后还会上万的优秀儿女，他们承认华为的核心价值观并拥有自我批判的能力，数十年对他们的不断优化，不断地成长，接班队伍的不断扩大，任何不合乎发展规律的东西都经不起时间的考验，企业管理将会有良好的净化能力，经过一代又一代华为人的努力，华为的红旗会一代比一代更加鲜艳。

只要我们努力，就一定可以从必然王国走向自由王国。

第八章——

冬天理论，华为永远在路上

任正非的“冬天”刻骨铭心地影响着每一个华为人。盛极而衰不一定是必然规律，但红得发紫（木炭）总会成灰。诚如任正非所说，什么叫成功？就是像日本那些企业那样，经九死一生还能好好地活着，这才是真正的成功。华为没有成功，只是在成长。

❶

90后的华为人

“80后”一度被“70后”、“60后”认为是“有个性的人群”，当越来越多的“90后”脱颖而出的时候，“80后”当初的“光环”似乎也不再那么的耀眼，因为“70后”、“60后”开始用“不是人的人群”再度评价“90后”。“90后”之所以成为令更多的企业头痛的事情，是因为很多企业的员工大部分都是“90后”新生代。他们热情、有冲劲、容易接受新鲜事物、知识面广、相对容易塑造团队氛围、不再把待遇要求作为首要条件；与此同时，他们还有着责任意识差、规划意识弱、严谨不足、容易放弃、不能吃苦、怕麻烦、脆弱、承压能力弱、一不高兴就辞职甚至是突发性离职提前连个招呼都没有的强烈自我的个性。就是这样一群矛与盾综合难分的“90后”，让企业喜忧参半。

作为号称17万大军的中国本土品牌，华为在国际化的今天断然不会放弃中国这片热土，华为的血液热情流动，很多创业初期的“40后”、“50后”甚至是“60后”都步入了退休的大军，随之崛起的中坚力量就是“70后”和“80后”，而“90后”作为全球性的新生力量，自然也成为了华为员工的一分子，只是如此不同于往代人的“90后”，华为该如何驾驭呢？

华为国际咨询委员会顾问田涛在一次演讲中将对“90后”员工的管理纳入到了一个研究课题中，并着重对比分析了“90后”和“70后”“两代人”管理上的本质。

我们都知道，华为的发展史就是中国民营企业的奋斗史，那么华为的人才管理机制也就至少从6代人的身上提炼出了人力资源的本质与迭代。如果以10年为一个记录“代”的周期计算，那么自“40后”任正非开始至今天的“90后”新生力量，华为共经历了6代人的缔造：“40后”的任正非创立了华为，“50后”的高管是同华为一起成长起来的奠基人，“60后”、“70后”是华为最早一批知识型技术人才梯队，有核心高管也有在研发方面做出卓越贡献的科学家、技术专家等，而目前的华为组织架构中，中、高层的管理者、科技骨干多为“80后”一代，正是事业宏图大展的最佳人生阶段。“90后”作为大批涌进企业中的基层员工和年轻主管，其在员工管理的体系中，其实与“70后”的管理并没有本质差别。至少在华为，并不存在“有问题的一代”，如果社会上真的存在这样“有问题的一代”，那也是个别企业自身管理上出现了问题。

华为的人力资源管理体系仿佛是一个“六世同堂”的大家庭，其家庭成员均是没有血统关联的共同体，其唯一的可以被称为关联的因素就是——都是为华为奋斗的人。

通过劳动者创造出的劳动回报，只有再用于人类美好未来的投资中才是最有价值的。所以任正非会将15%的营业收入投入到研发资金池中，为钟情于华为的消费者提供更高品质的服务和更卓越的产品。

钱财，取之有道，用之有度。一个对消费者时刻倾其所有热情的企业，这份情，对于他们的亲人自然是有过之而无不及的。当“互联网时代的管理革命”开启了华为的人力资源体系时，互联网这个伟大的工具固然为成长中的企业变革做出了突出的贡献，但智能的管理还远不及人性化的管理，智能制造与人性基础的管理相比还是逊色的。

向华为学习的企业，一定不能忽略了华为成功的人力资源管理体系，特别是对“90后”一代年轻华为员工身心本质上的锤炼和关爱。

前文中我们提到过华为在开拓国际市场时，一些成熟的国内城市的高管不忍心放弃本土优越的条件而赶赴非洲等国家去重新开拓市场，于是任正非采取了任命一些有奋斗精神、有闯劲的年轻一代，给予他们更高的报酬和晋升空间，甚至于给高管一样的权力去阔斧拓荒。也就是自那个时候开始，华为在海外市场上铺垫了一大批年轻的高级管理人员，其中不乏“80后”和“90后”。

谁说“90后”就是“有问题的一代”？在华为，“90后”的奋斗精神和吃苦耐劳一点也不输老一辈人。华为非洲的7000名员工就是一群“90后”，非洲的工作环境特别艰苦，是那种华为最初创业的艰苦所不能及的艰和苦：在非洲的华为员工每天吹着由上亿只蚊子组成的“龙卷风”；南非的员工还练就了一身挨得住疟疾的“百毒不侵”之身；而赶赴伊拉克、阿富汗、刚果等战区的华为员工，通常都是在客户提供的装甲车、全副武装的军人担任的“保镖”的保护下去危险地带安装、维修设备。

枪林弹雨“沐浴”下的生活，需要多么强大的内心才能够坚守，与这份坚守同在的，还有华为人家眷的强大支持。有这么一位被誉为华为的“美女英雄”，新婚仅三天，便随着丈夫前往战乱中的刚果。他们住的房子就在战区，墙壁上悬挂着的不是夫妻的婚纱照，而是一颗颗弹痕所装裱出来的生活写实。即便如此，鲜少有踏进非洲国度后再辗转回国的“90后”，他们和所有的华为人一样，和“70后”“60后”一样，是华为最可爱的奋斗者。这样的价值观与人生观就是华为缔造出来的对财富、权力、功名、成就感的别样价值取向。

如果一定要追溯华为对“90后”一代在管理上的不同之处，那应该是多一分理解、多一分担当、多一分教诲、多一分宽容和多一分培养。

2012 年，华为的员工培训体系进行了一次大规模的革新——剔除了原有的授课式培训和网络式培训，规划出一套更加与时俱进的“721 法则”培训体系，即 70%的能力提升来自于实践，20%来自于导师的帮助，10%来自于真正的学习。

在此基础上，为了尽可能减少以“90 后”新生代为主体的新进员工群体的流失率，也为了之后的发展和管理，华为会在这些毕业生进入企业后，先分流至各个业务部门，为其寻找指定的老代新“导师”。因为在毕业生进入华为之前，这些“导师”已经较为频繁地与他们进行过电话沟通，所以彼此都是熟识的，一旦正式毕业进入华为的大门，这些毕业生会更顺利地步入到“华为人”的角色中来。很多准华为人，在校期间就开始接受“导师”分配给自己的任务，包括相关理论的再学习、专业技能等基础的进一步夯实。

这些毕业生走出校门的第一步就进入华为的大门，并且在进门之前就已经清楚自己想要的是什么样的工作，这样的彼此“刚需”很大程度上减少了人才的流动性，也增加了其企业忠诚度。

比如那些前脚走出大学校门，后脚就迈进华为远在非洲市场大门的“90 后”毕业生们，他们做出这个选择的很大原因是，想在毕业之后的最短时间内赚足“第一桶金”。华为非洲的员工差不多 3 年就能赚足 100 万，有的“90 后”想用这 100 万去做留学基金，进行下一步的自我培养。不过也有“过来人”表示，他们这样的想法其实到了非洲的第二年就发生了质的变化，或者因为晋升了职位，或者因为加薪，他们可能在最初的“三年计划”之后赚得比 100 万多很多的回报，这样的回报可能是留学了几年之后也难以拥有的巨额财富。倘若留在华为，这样的巨额财富一定还会再在数字上有所变化。

一个很小的事例，我们看到了华为对于员工，不仅仅是“90 后”员工的养成计划——给予足够的发展空间，只要达到了既定的绩效，就赋予其足够的薪酬福利和晋升平台。相信成就感是每一个奋斗者所收获的最真实也最有价值的一种回报。也正因为华为一直坚持“以奋斗者为本”的价值观，基于奋斗和贡献来平等给予员工权和钱的分配，以洞悉、顺应和驾驭人性为逻辑和主线，才有了今天的华为。

遇见“90 后”，并不等于遇见了麻烦，谁又能说得清，是不是“90 后”遇见的是麻烦的企业呢。

❷

华为的“冬天”

华为的“冬天”一直被强调，强调得多了就好像真的存在一样，特别像那个经久不衰的故事《狼来了》。这是一个教育了几代中国人的故事：人应该诚实，否则总有一天会失去外界对自己的信任，最后等谎言成了现实时也不会有人相信你！诚然，任正非不是那位放羊的小孩儿，他只是一个比别人更早预见了“狼来了”的人，他将“狼来了”之后的悲壮提早呈现出来，让华为防微杜渐。

2015 年，管理学书架上摆上了一本畅销书，是田涛和吴春波联合创作出版的《下一个倒下的会不会是华为》。其实，这本书的原名被定为《卓越与孤独》，因为整本书字里行间所表达的正是华为与任正非的卓越与孤独。但当作者与华为轮值 CEO 徐直军碰面之后，徐直军却认为《卓越与孤独》这个书名过于“假”，因为华为算不上卓越。徐直军甚至坦言：华为只要不垮掉就不错了。

不知道是不是任正非的“冬天”刻骨铭心地影响着华为的每一个人，又或者说，身为华为人，只擅长不断努力向前奔跑，尽可能排除外界一切利弊的干扰，只坚持做好自己的本职，故而“不小心”忽略了早已成为行业领衔的不可逾越的唯一。但正是徐直军的一句坦诚得像是玩笑的话，给田涛和吴春波不小的触动——尽管他们创作的这本管理学书籍解释了华为20多年奋斗征程的成功及其内在逻辑因素，但书名确实没能体现出逻辑的精髓。众所周知，华为成功的筹码就是对核心价值观的那份成功坚守，而维系这份价值观的则是彻头彻尾的“自我批判”。

任正非说，要坚持客户需求导向，就需要坚持研发文化的开放性。而开放也是被逼出来的。任正非形象地比喻，华为把红旗从山脚扛到了山腰，又把红旗插到了山顶，但从山顶看下去的时候，却发现山脚、山腰都被别人包围了，专业领域的基础专利几乎全是西方公司的，华为10多年的技术积累陷入了山脚、山腰的十面埋伏之中。

怎么办呢？不下山，会被困死、饿死。要下山，也不能抢、不能偷，硬打硬拼难有胜算。只能留下“买路钱”，支付专利使用费，或者专利互换。

从21世纪初开始，10多年来，华为遭遇过的专利交涉、案件有若干次，每年大约 10 多起，动不动西方公司的 CEO 就写信给任正非，说你侵犯了我们的什么专利，我要起诉你，一开价就是天文数字。思科起诉华为的案例在当时对华为构成了巨大压力，今天这样的事情在华为已经是家常便饭了；而华为也屡次因专利被侵权而起诉西方公司或其他公司。这样的忽而战云密布、忽而握手言欢的情景，在全球电信业界屡见不鲜，最后多以和解而告终。为什么？用华为副董事长郭平的话讲，这就是世界规则。你要想加入国际俱乐部，你就得交“买路钱”，按国际规则办事，吸收别人的长处和优点，交学费，应用了别人的专利哪有免费的道理？那是人家用金钱堆积起来的成果！反过来，你使用了我的技术发明，你也得交钱，这才是公平的。大不了大家互换专利嘛！

这两年，华为与西方公司在专利战方面平静了许多，虽时有硝烟弥漫，但基本上能达到“和平共处”。然而，和平共处是开放的产物，也是打出来的，是实力的较量和抗衡的结果。任正非预言：未来 3~5 年，会有一场全球范围的“专利世界大战”，中国大概只能在西方公司挑起的战争面前，打一场防御战和保卫战，华为对此不可掉以轻心。

好在，这些年与西方公司打来打去，华为有自己的实力，也积累了经验；但最基本的，还是华为的开放战略和开放思维，这是华为不断制胜的重要法宝。

与企业之间这样的例子太多了。当今的中国外交奉行“不结盟”政策，实践证明是正确的。

思科起诉华为案结束的第二年，美国微软公司总裁鲍尔默到深圳华为总部拜访任正非，开门见山地提议：希望华为不要参与到针对微软的反垄断阵营中。任正非答：反垄断是政府的工作，有利于创新，也有利于社会进步和消费者，但这不是华为的职责，华为也没有这个实力。任正非清楚，华为正是靠反垄断击退了思科的强势诉讼，这是为生存而战。但华为不会主动地反垄断。我们为什么不能同时在两把伞下待着呢，左手举着微软的伞，右手举着思科的伞，你卖高价，我低一点，也赚了大钱。我打倒了你，太阳晒得我满身大汗，汗水又浇肥了我脚下的小草，小草以低价侵占我的地盘……我才不吃力不讨好呢！

——节选自《下一个倒下的会不会是华为》第三章第三节

没有一个“成功”是经久不衰的，所以华为从诞生的那一刻就被任正非在根基深部植入了一颗“危机的种子”，让世界对这位当家人不得不刮目相看，他居然将“危机”营销到了自己身上。所以，当这本书名定为《下一个倒下的会不会是华为》时，不但没有被 17 万华为人认为是危言耸听，反而让所有学习华为成功和学习任正非企业管理的人都能深刻地感知到，华为的卓越和那份难以撼动的执着。

数十年的信息产业历史长河，汇聚了世界各国的“胜者为王，败者为寇”的死亡竞技，总会有一些名不见经传的“新宠”携带着他们的新晋商业模式黑马式冲到风口浪尖，再以不可阻挡之势击败一个又一个昔日巨头，开始在那个号称为世界的舞台上唱起独角戏。可是，但凡有一丁点儿的懈怠和不努力，就会给后来的创新者居上，接着就以迅雷不及掩耳之势香消玉殒。仿佛在这个将生死置之度外的大环境之下，没有创新就没有生存。所以，作为科技领域的通信设备企业，华为不敢不创新，也不能不创新。

29 年来，任正非定是亲历了科技领域的一批批创新与迭代，那种与生俱来的使命感和责任感本就敦促着他养成了一种习惯，将理想精神嫁接上危机意识才更靠谱，这样的定式也影响到华为文化的点点滴滴。

任正非的危机观“严重”到被外界认定他可能是一位“焦虑症患者”，而且是很典型的那种。他无数次地警告公司的管理团队和全体员工：“繁荣的背后，都充满危机，这个危机不是繁荣本身必然的特性，而是处在繁荣包围中的人的意识。”在这位掌门人的口中，华为“一天不奋斗，就可能出局；三天不学习，就赶不上思科、爱立信、阿尔卡特，这不是一句玩笑，而是残酷的事实”。

任正非所言的“冬天”可能是华为的“冬天”，但某种意义上不也是对整个行业甚至全球经济的一种预见吗？ 2008 年的世界经济危机还没有正式退去的时候，任正非就在 2009 年上半年所发表的言论中表示：全球经济将再次陷入衰退，而且很可能会持续动荡，甚至会超过2008年的危机。2011年，任正非在拜访某位政府官员的时候也表示过：世界经济已不可能在几年内呈现V形或U形反转，更大的可能是此起彼伏的循环萎缩。

任正非对全球经济的走势有着长远、敏锐的洞悉，这一点特别像巴菲特对股市的把握，是学不来也复制不了的个人与生俱来的“特异功能”。任正非曾断言：未来几年，全球经济危机对有些企业来说是灾难，但对有些企业来说却是一次颠覆乾坤的机会。所以，在华为的高层会议上，他提出了对华为的期许，也是严格的要求——允许萎缩，不允许崩溃。经历过奋斗与成功的领导者都知道，只要在萧条的周期中活下来，待复苏后就是强者！

所以华为从未放弃过任何的奋斗和努力，即便经济不景气的时期也充满正能量往前跑，在华为，只有奋斗者才能生存，在激烈的市场竞争中，也只有奋斗的企业才能得以生存，活得更久。

华为的历史上出现过很多次危机，就像任正非所说的那样，华为的冬天没有过去。堪称奇迹的是，不管每一次遇到的危机有多么严峻，华为最终总能鹤立鸡群于胜利的彼岸，或卷土重来，或寻觅新路，总之是活了下来。用绝处逢生来形容华为每一次的背水一战一点儿也不夸张。

其实，在强大的困难和危机面前，表现得越勇敢的就是想得最长远的那一个。或许很少有人能够体会到，愚公移山的可能性到底有多大，但仔细想想，将每一分微小的力量凝聚在一起，这份力量的宏大怎能用一个“强”字就能诠释得了？

责任或许重于泰山，但承担起责任的企业或企业家就是比“泰山”还要伟岸的新坐标。可能很少有人知道，华为深圳龙岗基地坐落的那片热土曾经是一片乱坟岗；华为南京软件园紧挨着烈士陵园；远在非洲的诸多“华为服务区”随时都可能是刀光剑影的战场……如果说，“风水”是众多企业家内心深厚的情结，那不得不承认，任正非与华为正是其中屈指可数的“异类”。

“无论是在疾病肆虐的非洲，还是在硝烟未散的伊拉克，或者海啸灾难后的印尼，以及地震后的阿尔及利亚……到处都可以看到华为人的身影。”“19年的历程，19年的国际化，伴随着汗水、艰辛、坎坷与牺牲，我们一步步地走过来了，面对漫漫长征路，我们还要坚定地走下去。”这是一段写在2006年前《华为人》报上的《天道酬勤》一文中的片段。

如今10年过去了，华为依然在路上。很多前辈、同行者以及后来者都相继换了路线，而华为依然执拗地、孤独地前行着。

红杏出墙喻示的是藏也藏不住的满园春色，盛极而衰往往是提前透支了未来的繁华而突显了衰败的惨状，越是红得发紫的木炭越是会最快地缩短燃烧的生命……但这些，并不一定是完全必然的规律，要不然世界上怎么会有“奇迹”的存在呢。

华为之魂就是这样的一个奇迹，它以客户为中心、以奋斗者为本、长期坚持艰苦奋斗；他不忘昨天的痛、把握当下的奋斗、听得见明天的风吹响……奇迹源于华为始终坚持的常识与真理，源于任正非的卓越智慧。

“当你注视深渊时，深渊也在凝视着你。”这是德国著名哲学家弗里德里希·威廉·尼采的经典语句，伟大的尼采先生所要表达的正是要“放大”每一个人内心的乐观。特别是那些必须面对竞争和死亡的企业家们，面对深渊，无论你如何躲闪，深渊依然在那里，所以，唯一的路径就是与深渊对视，用强大的意志力战胜内心的恐惧与深渊的挑衅。

值得庆幸的是，华为的历史根基中本就植入了危机的种子，一个每天都生活在死亡边缘的企业还会惧怕其他的危机吗？答案是否定的。今天的华为已经练就了“百毒不侵”的超能力，这都得益于之前“五毒俱全”的养成过程。

3

寻找华为的成长逻辑

“我一直有一个观点，学华为的今天，不如学华为的过去。寻找华为的成长逻辑，寻找华为在成长路上坚守的一些东西，看华为在不同阶段有哪些思考、做了什么……这些可能更重要。黑格尔说，人类最大的教训就是从来没有从历史上吸取教训。而华为在它一路走来的成长过程中，不管是经验还是教训，无论是成功还是失败，应该都能带给我们很多启发。”华为技术有限公司高级管理顾问、中国人民大学公共管理学院教授吴春波如是说。

所有的创新都是与时俱进的，创新的过程就是一本根基雄厚的《成功锻造史》，今日的任何成功都离不开昨天的艰苦奋斗，同样地，若在成功的今天开始放弃奋斗，明天即将送走成功迎来失败。很多见证着华为30多年发展历程的人都在不断研究和学习华为，其他一些观摩者不禁要问，那么多的企业为何都在向华为学习？

不言而喻，学习华为肯定比学习苹果、学习沃尔玛、学习微软、学习思科来得更直接。因为华为就是中国土生土长的品牌，无论闯进的外国市场距离我们有多么的远，它的根始终在中国。华为同很多中国企业的发展都是在中国大地上被改革开放的春风“吹”出了嫩芽。因为“工匠师”的个性使然，一个模子不同人雕刻出来的图案也不尽相同。任正非无疑是一名最优秀的“工匠师”，华为就是他所雕刻出来的“狼图腾”。

中国的科技发展相比较世界发达国家算是落后的，能有华为这样的“先驱”勇于试水总结经验，其经验的借鉴价值就非常值得更多中国企业学习。“不想当将军的士兵不是好士兵”，没有哪一个企业从最初的创立就是行业的典范，都是靠一步步走出来的。很多企业面对华为的卓越往往退避三舍，认为如参天大树般的华为学起来一定很难很难。然而他们却忘记了，最初的华为也是一朵待放的花苞，与目前恰似少年的你没有什么区别。

更为主要的是，华为成长过程中所总结出来的经验将使“学习者”少走更多弯路的捷径，或许不能全单照搬，但其中的哲学和理念是最值得借鉴的了，今天的成功再强大，都没有过去的奋斗来得奏效。

华为的历史为后来者们总结出了很多“点石成金”的法子，华为的那根“金手指”就是经营。首先，经营讲究科学管理，华为内部管理向来都是开放透明灰化。所谓的“灰”是任正非介于黑与白极端之间调和出来的一种暖色，暖了员工更暖了企业。《华为公司基本法》中用很多文字来诠释华为的灰度，如民主决策、权威管理、从贤不从众……是的，坚守常识，在商言商，这就是任正非华为管理学的精髓。

文化是企业发展的长期牵引力，它的作用不亚于引擎，然而很多视“机会主义”为宗旨的企业家，梦想着他们的企业文化能够迅速解决企业当下遇到的问题，殊不知，企业文化的使命是解决企业未来可能发生的状况。所有企业的文化都是一个长期的系统工程，从建立章程到领导的以身作则，从高层的繁衍到舆论的宣传，从制度的牵引到培训的引导，从激励的实施到行为的规范，最后到达所谓的仪式浸染。华为以身试“法”，将华为的文化自始至终种在了发展之路上，一路走来，花儿依旧芬芳，华为也在不断向前。

30 多年来，华为的成长潜移默化出一套独特的成长机制，即机会牵引人才。如果没有寻到一条新的发展之路，就很难提供出更多可供发展的机会，也就不可能为人才提供出无限施展才华的空间。所以说，华为在国际化的过程中，一方面在拓宽市场把握机会，另一方面也在用这样的机会牵引住人才。昨天的华为在非洲的领域上就为“80 后”提供了广阔发展的平台，今天的华为又在欧洲行的道路上为“90 后”铺设了一条平坦夹杂着荆棘的挑战，明天，华为依然会在攻美的战役中带着“00 后”披挂上阵……在华为，从来不存在“有问题的一代”，只有是否依然在奋斗的区分。

华为的结构治理中蕴含着一个哲学——高层民主，从贤不从众。大家都知道，任正非是军人出身，脱下军装之后还经历了“下岗”，一无所有之后甚至还遭受了妻离子散的痛楚，可能没有哪位企业家如任正非这般“命苦”了，所以任正非本身就是一张诠释了“以身作则，严于律己”的名片。正是因为曾经的一无所有，才会让这个铁打一般的汉子倾其所有，才会在每一次的破釜沉舟中绝处逢生。

华为的高层民主体现在高级干部的合法收入统统来自于公司的薪酬及分红，完全不存在其他的灰色收入，黑就是黑，白就是白，该绝对的时候决不能含糊不清。以高层的表率感染中层管理人员与基层员工是最直接有效的，也是相对公平的一种渲染。每一个华为的高层也将自己的工作职责分享给大众，越是透明就越是公平。

华为的利益机构所推崇的向责任与贡献倾斜，企业战略上坚持的聚焦压强、力出一孔，内部机制上坚持的激发活力、提升效率，管理理念上的系统架构、IT 变革，人力资源方面的价值创造、评价与分配，以及人才管理上的职业通道分类化，干部管理中的能上能下，流程管理中的客户导向，组织管理中的矩阵结构弹性化，研发管理上的持续开放创新……这些都是值得学习者跟进的“作业”。乍一听，好像没有什么难学的，可是为什么还有那么多的人学华为却学不会呢？

究其根本，就是学习的方向和方法不对。

学习华为，首先要将自己全盘否定，无论你是BAT还是世界500强，要想完全地复制+粘贴，就一定要先全选+删除。并不是所有的企业都有一颗自我批判的决心，甚至很多企业在下定了决心照搬华为模式，最后还是被“不忍从头再来”击垮。任何学习都是建立在相对理性的思考模式下的智慧加码，自信的基础断然不能没有了自我。鸟儿不能下水游泳，鱼儿亦不能飞上蓝天，适合自己的往往就是最好的，盲目的追随和忘本的努力只能让你的奋斗变得事倍功半。

诚然，学习不等于模仿，更不能采用“拿来主义”，每一个“个体”都是鲜活的个性化存在。华为也在不断的创新之中，所有的学习者学习了今天的华为，实际上还不如学习过去的与学习者同处于一个历史阶段时期的“那个华为”。成长的机会是很难雷同的，但在成长的过程中却有相同的持之以恒。任何放弃都等同于满盘皆输，实践才是检验真理的唯一标准，你若不甘放下骄傲的姿态，又怎能深刻体会曾经的华为是如何卧薪尝胆，破釜沉舟的呢？

叶公好龙不可取，任公榜样力量大。“学习任公，勿做叶公”的道理相信每个学习任正非的企业家，以及学习华为的企业都心知肚明，但很多时候很多事情，说起来容易做起来却很难，此时，就需要放大你的信念——你并不比曾经的任正非差，你的企业不比过去的华为弱，华为都能拥有卓越的今天，明天的你还会差吗？

—— 4 ——

独一无二的任正非

当越来越多的后来者梦想着成为第二个华为的时候，好像从未听说过有哪位企业家自告奋勇地宣称自己要成为第二个任正非。足可见，华为或许可以被模仿甚至被超越，但任正非绝对不会。如果当初改革开放的春风给予了任正非创建华为的机遇，那么当今的互联网时代更为“大众创业，万众创新”的勇者提供了更多的机遇。一份光辉夺目了一定的时间也应该腾出一些空间让给其他的后来跟进者，只是目前，还没有一个企业超越得了华为，因为没有一个企业家能够超越得了任正非。

2013 年，任正非在华为内部发表文章《用乌龟精神，追上龙飞船》。文章中，任正非忠告华为人要时刻保持一颗冷静的头脑，不能被“冲动”激化成“魔鬼”，更不要让不安分和不理智夺走了华为不断奋斗才创造出来的今天。每一张满分答卷都是一分一分积攒起来的浩大工程，其间的题海战术也一定煞费了太多奋斗者的苦心，但光芒的背后总有一处黑暗如影随形，只有将自己置身事外，才能捕捉得到意想不到的收获。正如华为坚定地走在研发和创新的路上，每一次小成就都足以磨平奋斗中遭遇的荆棘与坎坷。

古时候有个寓言，兔子和乌龟赛跑，兔子因为有先天优势，跑得快，不时在中间喝个下午茶，在草地上小憩一会儿啊！结果让乌龟超过去了。华为就是一只大乌龟，25 年来，爬呀爬，全然没看见路两旁的鲜花，忘了经济这 20 多年来一直在爬坡，许多人都成了富裕的阶层，而我们还在持续艰苦奋斗。爬呀爬……一抬头看见前面矗立着“龙飞船”，跑着“特斯拉”那种神一样的乌龟，我们还在笨拙地爬呀爬，能追过他们吗？

大公司不是会必然死亡，不一定会惰怠保守的。否则不需要努力成为大公司。

宝马追不追得上特斯拉，一段时间是我们公司内部争辩的一个问题。多数人都认为特斯拉这种颠覆式创新会超越宝马，我支持宝马不断地改进自己、开放自己，宝马也能学习特斯拉的。汽车有几个要素：驱动、智能驾驶（如电子地图、自动换档、自动防撞、无人驾驶……）、机械磨损、安全舒适。后两项宝马居优势，前两项只要宝马不封闭保守，是可以追上来的。当然，特斯拉也可以从市场买来后两项，我也没说宝马必须自创前两项呀，宝马需要的是成功，而不是自主创新的狭隘自豪。

华为也就是一个“宝马”（大公司代名词），在瞬息万变、不断涌现颠覆性创新的信息社会中，华为能不能继续生存下来？不管你怎么想，这是一个摆在你面前的问题。我们用了25年的时间建立起一个优质的平台，拥有一定的资源，这些优质资源是多少高级干部及专家浪费了多少钱，才积累起来的，是宝贵的财富。过去所有失败的项目、淘汰的产品，其实就是浪费（当然浪费的钱也是大家挣来的），但没有浪费，就没有大家今天坐到这儿。我们珍惜这些失败积累起来的成功，如果不故步自封，敢于打破自己既得的坛坛罐罐，敢于去拥抱新事物，华为不一定会落后。当发现一个战略机会点，我们可以千军万马压上去，后发式追赶，你们要敢于用投资的方式，而不仅仅是以人力的方式，把资源堆上去，这就是和小公司创新不一样的地方。人是最宝贵因素，不保守，勇于打破目前既得优势，开放式追赶时代潮流的华为人，是我们最宝贵的基础，我们就有可能追上“特斯拉”。

——节选自任正非《用乌龟精神，追上龙飞船》

创新与变革一样，都是一项系统化工程。华为与苹果，某种程度上还是有很大差距的。在相对贫瘠的土壤中，华为想要超越苹果，向谷歌看齐，所需要的不只是努力与奋斗，超越是每一个企业发展史上最常见的一个词汇，位置往往都是有限的，只有超越才能取代。很多个中国企业在向着华为看齐，华为也在向着大佬们看齐，这是瞬息万变下最有效的缩小与强者之间差距的方法。

移动互联网时代，不能够将其融入发展的企业终将被历史所淘汰，都用不着竞争，自己先灭了自己。任正非十分清楚，互联网的飓风吹起来的企业如果不能“反驾驭”的话，待风停了，这些企业也就被打回了原形，甚至自高空坠落从而粉身碎骨。华为所面临的将是与一批又一批的劲敌展开一轮再一轮的竞争，华为必须具备持续创新的能力，才能在风起云涌中长久地生存下去。

“互联网 +”是企业发展的刚需，没有这个工具不行，但只有它又远远不够。微软、诺基亚的遭遇，华为并没有信心一定躲得过，既然躲不过，那就挺起自信的脊梁站起来吧！

实践与历史都在向世人展示：先进的商业模式就是被后来者的优势频繁刷新的过程。华为的“冬天”一点都不危言耸听，战场上谁能保证自己的盔甲敌得过敌人的子弹？你在为盔甲做加固的同时，敌人一样在给他的子弹增添新的杀伤力。

华为的成功也见证了任正非自身的超凡才能。他足够理解人性，作为一名企业决策者，能够做到以奋斗者为本，洞悉可能加速奋斗者的兴奋剂，之后再不断激发“兴奋”到制高点。这是“以奋斗者为本”与“以人为本”的本质上的区别。长期不断的激励，甚至是“花样百出”的政策总能使一大批奋斗者向着绩效努力，实现了再拔高，然后再实现。

很多个企业的溃败，其实都是被自己的落后导致的，企业的衰亡并不是对手打败了你，而是你自己打败了自己，这是何等的可悲可恨？所以在华为的价值评价与利益分配机制中，任正非提出了“为自己而战”的理念。这就是中国的现实环境，任正非看到了其中的利弊，自然首先想到了全副武装。任正非的竞争对手之一——中国宽带资本基金董事长田溯宁先生曾表示：中国出不了乔布斯，但美国也没有任正非！从国家政府的历任官员对华为的支持上不难看出，支持国货是中国不变的主题，因为华为这个“国货”一直以来都与其他的品牌不同，任正非从来不在政府或其职能部门有任何挂职，甚至多次拒绝参加各类经济人物的评选。任正非这番低调的背后，是一种领袖的态度，更是一条中国企业长期存活下去的基本法则。

华为的成长，让任正非领悟到：华为的哲学就是至多三个“从头再来”之后定能跻身世界500强！每一次全力以赴都是为了下一次不再破釜沉舟，每一次的大刀阔斧都是没有后路的必须前进。竞争的世界就是这样，经历过一次生存危机就多一分生存的可能。浸了水的海绵挤一挤总会挤出水来，能够耐得住多次寒流还活得很滋润的企业为数不多。等待雨过的一定是天晴，大难不死者必有后福。竞争每一刻都存在，“最后”其实很难真正的存在，所以，“最终的胜者”完全可视为“最终的剩者”。

至少华为现在还是“记录”的保持者，只是记录从来都是被用来打破的，华为终究可能会被超越，那些奔走相告的企业家们，你们做好战胜任正非的准备了吗？